A incrível história de
António Salazar, o ditador
que morreu duas vezes

Marco Ferrari

A incrível história de António Salazar, o ditador que morreu duas vezes

tradução
Vasco Gato

todavia

À memória de Manuel Carvalheiro e José Fonseca e Costa

Prefácio à edição portuguesa 9

1. O calista que fez ruir o império 13
2. Do Vimieiro a Lisboa 51
3. O terror sutil 125
4. Vida cotidiana de um ditador 153
5. Dois anos morto, embora vivo 181

Prefácio à edição portuguesa

Portugal entrou na minha perspectiva de vida quando, participando na Festa da Unidade, que todos os anos reunia milhões de militantes da esquerda italiana, tropeçamos no estande dedicado aos exilados daquele país que parecia longínquo e distante, mais atlântico do que europeu. Alguns anos depois, era eu jovem repórter, tornei-me amigo de um exilado português que trabalhava na redação como humilde distribuidor do diário pelos quiosques (viria a tornar-se secretário de Estado).

Quando se deu a Revolução dos Cravos, e como tantos exilados políticos, também ele se pôs a caminho de Lisboa e eu segui-o pouco depois, apanhando um barco em Gênova até Barcelona, prosseguindo à boleia até Madri e metendo-me num comboio noturno para a capital portuguesa, tendo sido recebido por um marinheiro na fronteira. A atmosfera que se respirava situava-se entre a efervescência e a surpresa, a felicidade e a inquietude típicas das democracias recém-nascidas. Para tantos jovens como eu, que acariciavam o vento de liberdade que soprava em Portugal nesses dias, abriu-se a porta dos sonhos. Tudo surgia como desvelamento de um mundo que permanecera fechado quase meio século: os que regressavam de décadas de exílio em locais distantes e tão diferentes de Portugal; jovens estudantes que tinham fugido para o estrangeiro para não caírem no serviço militar obrigatório e que circulavam livremente pelos estabelecimentos do Bairro Alto; filmes obscurecidos pela censura que eram então projetados nas salas e nos jardins; opositores políticos que escreviam livros sobre sua experiência na prisão; visitas a locais da tortura; pessoas que nos abriam as suas casas e outras que nos levavam de carro aonde desejássemos ir. Nas ruas, o cheiro a graxa e café era superado pelo dos jornais da manhã e da tarde, acabados de sair das tipografias e vendidos pelos ardinas: as notícias corriam para lá da temporalidade efêmera daquelas folhas de papel. Havia uma expectativa e um interesse por aquilo que ia acontecendo, hora a hora. Fiz amigos com os quais passava as noites. Havia alegria naqueles pequenos restaurantes que nos abriam salas privadas onde podíamos estar horas à conversa. Digamos a verdade: o mundo parecia-nos ao alcance da mão, tal como o futuro parecia pronto a ser moldado a nosso bel-prazer. Depois, como sempre, as coisas esmoreceram, mudaram, a normalidade teve um efeito de pacificação e os sonhos morreram na foz do Tejo. Porém, a revolução de 25 de abril de 1974 manteve-se, para mim e para outros, como a única revolução tangível, vista, vivida, no meu caso enquanto espectador externo. A amizade ficou como vestígio comum daqueles dias para muita gente que agora já não pratica a política nem tem sonhos a exigir. Muitos de nós já partiram — este livro é dedicado a dois amigos que desapareceram prematuramente —, outros já não têm batalhas a travar e observam as transformações oferecidas pela existência. Desses dias dos cravos, também me resta uma inquietante sombra estendida sobre a vida de tantas pessoas: António Salazar. Deixara de existir anos antes, mas era como se atravessasse as ruas ou surgisse ao virar da esquina, estivesse num camarote do Teatro de São Carlos ou subisse no Elevador de Santa Justa para observar as pessoas abaixo, julgando tê-las ainda na mão.

Passaram quase cinquenta anos e eu continuei a frequentar Portugal, a manter relações e afetos, a fazer filmes nessa terra maravilhosa, a ler livros sobre Salazar, a estudar os documentos da ditadura. Sua sombra exteriorizou-se num livro que escrevi de modo bastante fluido, porque é como se o ditador morasse na minha cabeça também, mesmo que eu nunca tenha sofrido o horror da sua repressão. Pedaços de histórias, filmagens, documentos, testemunhos recompuseram-se em mim como um mosaico durante a escrita. Revivi inclusivamente caminhadas noturnas pela rua Augusta e pela beira-rio da praça do Comércio, noites no Bairro Alto ou em Alcântara. Estas páginas são minhas, mas é como se fossem de outros que me narraram o longo túnel da ditadura sobre a qual julgo ter dito coisas importantes, descuradas, quiçá já esquecidas. Não por acaso, foi um escritor italiano como eu, o saudoso amigo Antonio Tabucchi, quem revelou ao mundo, no seu estilo irônico e sonhador, o que foi a ditadura e a censura. O seu "dr. Pereira", velho jornalista que dirige a rubrica cultural do principal diário da cidade, é o símbolo de um sofrimento interior que marcou toda a alma portuguesa. E foi na lembrança desse sofrimento que, como escritor, decidi delinear a complexa e enigmática figura do ditador mais longevo da Europa.

Marco Ferrari

I.
O calista que fez ruir o império

O império caiu por culpa de Augusto Hilário, um simples e humilde calista. A sua existência não se afastara um milímetro dos hábitos de sempre até a manhã de 3 de agosto de 1968, esse ano repleto de acontecimentos que por nada deste mundo sacudiam o sonolento Portugal. Esse sábado parecia um dia normal, o sol levantara-se às cinco da manhã, os jornais falavam da Primavera de Praga, Tom Jones anunciava um concerto em Lisboa, arrancava a ligação telefônica direta entre a capital e Faro, o mais antigo emigrante português no Brasil estava de visita à pátria de origem, tinha lugar em Ponta Delgada o funeral do dr. Francisco Luís Tavares, um dos constituintes da República, o comando das Forças Armadas na Guiné anunciava duros confrontos, com dezoito mortos entre os opositores e cinco entre os soldados do exército lusitano. Surgiam nos jornais outros anúncios de soldados caídos em combate: o furriel António do Nascimento Pires Quintas, de Bragança, e o soldado Álvaro Alberto Conceição Teixeira, de Lisboa, em Moçambique; Ernesto Jesus Duarte, de Vila do Conde, e Raul Joaquim Costa, de Lisboa, em Angola; o comandante André Rodrigues Pinto, de Resende, na Guiné.

Como era hábito, Augusto Hilário aguardara o carro presidencial no início da rua do Carmo, entrara com sua maleta de trabalho, pousara-a nas pernas e pusera-se à conversa com o motorista. Lisboa parecia ainda dormir com seu tempo lento, que se acentuava em agosto. Só um ou outro transeunte distraído observava o avanço solene do carro, os cães abanavam a cauda de ambos os lados da rua e as carroças para o mercado moviam-se com lentidão. Tal como seu pai, que era natural de Viseu e estudara na mesma escola de Salazar, Augusto Hilário era muito meticuloso e, consequentemente, voltou a abrir a maleta de trabalho para ver se trouxera todos os instrumentos necessários para tratar seu cliente mais famoso, que herdara do pai falecido. Lograra o objetivo de estabelecer uma boa relação com o primeiro-ministro, que visitava de três em três semanas, tal qual seu pai, com sessões feitas de intimidade, conversas, silêncios e instantes de respiração suspensa, sobretudo quando o podólogo enfiava a tesoura nos dedos do primeiro-ministro. Ao escarafunchar as fossas do dedo grande do pé, o calista podia também espicaçar velhas recordações e melindrosas cumplicidades, tocando de um modo bastante direto o ponto fraco do homem que governava a vastidão das possessões portuguesas.

Quando era novo, Salazar partira o pé direito e nunca mais recuperara. Seus ossos eram frágeis, formando-se-lhe calos que causavam dores. Por esse motivo, calçava botas requintadíssimas desde criança, a ponto de os antifascistas o definirem como *O Botas*.

O carro deparou com as filas dos que se dirigiam para a costa, rumo às praias de Oeiras, do Estoril e de Cascais. O motorista preocupou-se com o possível atraso, sabendo que Salazar tinha vários compromissos nesse dia. Chegou desembaraçadamente ao portão do Forte de Santo António da Barra, no Estoril, e deixou sair Augusto Hilário, que empurrou a porta, cumprimentou os guardas, atravessou o átrio com os azulejos que continham excertos do poema *Os Lusíadas* em todas as paredes, subiu as escadas e entrou numa grande sala chamada "Guarda-Roupa".

Com a solicitude de sempre, preparou os seus utensílios para o tratamento de pedicura curativa. Quando entrou, viu

Salazar vestido de linho branco. Para ele, humilde calista, era quase uma aparição, e deu graças ao pai que o encaminhara para aquela profissão tão singular, que lhe permitira chegar à presença do poder absoluto. Cumprimentou Salazar com deferência e passou-lhe os jornais que tinham sido enviados do palácio presidencial, dentre os quais se contavam o *Daily News* e o *The Ball State Daily*, embora ele preferisse o *Diário de Notícias*, seu favorito havia décadas, desde que concedera a primeira entrevista a um jornal nacional. Já os documentos presidenciais, à conta de um extravio burocrático, não estavam ainda prontos quando o carro partira da capital, pelo que só chegariam ao forte ao fim da manhã.

Augusto Hilário virou-se para lavar as mãos num lavatório que estava preso à parede, pensando em como tratar o dedo grande valgo, os calos, as micoses ungueais, as verrugas e as unhas encravadas do presidente, como massagear seu pé doente, defeito de que só sua família estava a par, um segredo para ser guardado com esmero. Porém, Augusto ouviu um estrondo e virou-se de imediato. Salazar sentara-se desabaladamente na cadeira de realizador, feita de madeira, com um pano nas costas. Com o impacto, o pano cedera e Salazar batera com a cabeça no chão. Ao virar-se, Augusto viu-o estendido, com dores. Enquanto o calista ficou nervoso com o sucedido, Salazar mostrou-se tranquilo. Só se ouvia sua respiração ofegante. Levado pelo pânico, Augusto Hilário ajudou-o a levantar-se, reparando na lividez do seu rosto, sentou-o noutra cadeira e sugeriu que se impunha chamar alguém. Salazar fez sinais negativos com a cabeça. Minutos depois, o ditador pediu ao podólogo que não contasse a ninguém o que acontecera. Hesitante, Augusto assentiu e passou um copo d'água com açúcar ao estadista, que esboçou novamente gestos negativos com a cabeça. Deixando os jornais no chão, Salazar emudeceu, à espera de que Augusto fizesse seu trabalho. Só outra pessoa se apercebeu de que acontecera algo de estranho, a governanta d. Maria, embora julgasse que tinha sido uma porta a bater com estrondo. Por precaução, desceu, também ela, ao piso de baixo e percebeu logo que o presidente sofrera uma pancada feia. Visivelmente abalada, tentou convencê-lo a chamar de imediato um médico, mas Salazar recusou também dessa vez. Dali a cinco dias teria sua consulta quinzenal de rotina com o dr. Eduardo Coelho e não via nenhum motivo para a antecipar.

Um frêmito de medo parecia ter se apoderado do seu cérebro. Sentiu-se repentinamente mais velho. Estava habituado a vigiar--se com cuidado, mas dessa vez pensou que o corpo poderia levar a melhor sobre seu pensamento. Já tinha 79 anos e, em cima, um peso oneroso que carregava desde 1932: o poder. A força da sua resistência era a invisibilidade. O corpo tinha pouca importância, até aquele maldito agosto de 1968. Governava um império a partir de uma espécie de "cela" em São Bento, de onde quase nunca saía. "Minha política é o trabalho", costumava dizer a quem o incentivasse a visitar as vastas pradarias do seu poder, que se estendiam por todos os cantos do planeta. Mas Lisboa já lhe parecia imensa, a ele, que só adorava a casa de família no Vimieiro, a horta, a vinha, os passeios e a festa da Ascensão à qual nunca faltava. Mas o que lhe parecia imperdoável era que a casa, os muros e os campos do Vimieiro, pertencente ao concelho de Santa Comba Dão, no distrito de Viseu, ruíssem ao mesmo tempo que ruía o império. O telhado inclinado do edifício branco estava a ceder e a perder telhas, o jardim das traseiras definhava, e ele não dispunha de tempo para tratar desses assuntos, pois tinha de pensar em como repelir os ataques em Angola, como proteger os civis em Moçambique, como travar os guerrilheiros da Guiné Portuguesa, como refrear os protestos dos jovens universitários. Para não falar nos irredutíveis opositores internos, nos clandestinos e nos exilados políticos que o desmentiam em todos os cantos da Europa, não compreendendo a missão que o destino lhe atribuíra, salvar o antigo império português da dissolução: "Uma pátria, una e indivisível", como costumava dizer nas suas proclamações radiofônicas. O que se tornava objeto de culto não era sua imagem, mas seu nome. Ele era silêncio, ocultação, invisibilidade, era como Deus, estava um degrau abaixo do governante supremo do infinito, mas não devia dar nas vistas. Não tinha idade, não tinha corpo, não tinha sentimentos. Não falava de forma direta, falava através de simbolismos e oráculos, havia só que interpretar e traduzir o que dissesse para a linguagem comum. Tal como Deus, ele outorgava a cada um seu próprio destino: os ricos deviam manter-se ricos, os pobres deviam resignar-se, os opositores deviam sofrer a repressão que ele considerava "um safanão dado a tempo, como medida preventiva para manter o povo em remanso". Admitia o perdão, é claro, mas não o praticava, para não desfazer a teia de certezas do Estado Novo, sua criação política e institucional, que assentava em dois conceitos inalienáveis: o corporativismo e o colonialismo. Uma rede austera, reservada, discreta, obscura, granítica, perseverante, que exaltava o papel do Estado, um dos mais antigos do mundo, da Igreja, uma das mais sólidas e tradicionais, e da história, uma das mais significativas no globo inteiro. A imortalidade desse destino estava nas suas mãos. E seu corpo não podia com certeza atraiçoá-lo, pensava ao fitar o pôr do sol do terraço do Forte de Santo António da Barra, no Estoril, constatando que o império ainda ali estava, inamovível como ele, para lá do horizonte das descobertas e do lado desconhecido do oceano que seus antepassados haviam atravessado sem temor nem receios. E pensava nos pontos que tinham composto a Carreira da Índia: Madeira, Porto Santo, Açores, Cabo Verde, Guiné, São Tomé e Príncipe, Cabinda, Angola, Moçambique, Goa, Damão e Diu, Timor-Leste, até por fim se chegar a Macau.

Tudo estava solidificado nos seus pensamentos: o presente, o passado, o futuro. Ele era o cérebro de Portugal, continha todas as escalas da circum-navegação da rota das Índias, ainda que nunca a tivesse percorrido. Sentia-se como quem descobrira o arquipélago de Cabo Verde, conquistara a Guiné e Angola, chegara a Goa e Malaca, administrara o tráfico de escravos e as rotas de especiarias, um almirante rico e um timoneiro pobre, um manobrador de tempestades, um cortador de cabeças, um náufrago do império. Sonhava levar nos navios os escravos de Ajudá, acompanhar ao trabalho os mineiros de Dondo, os apanhadores de café de Uíge, os cortadores de lenha da Guiné, os pescadores de Cabo Verde, os operários dos poços de Cabinda, os plantadores de cacau de São Tomé, os caçadores de diamantes de Luanda, os santões de Goa, os comerciantes de Malaca, os topasses de Timor, mestiços que falavam a língua local, chamada tétum, os tabulageiros e chulos de Macau. E se encontrasse alguém à beira da reforma no Forte de Santo António da Barra, um veterano de guerras no meio de mangues e lianas, florestas e serpentes, não deixava de demonstrar o único, verdadeiro, autêntico desgosto da sua existência: a perda da Índia Portuguesa. Naquela noite de 1954, a 22 de julho, quando os soldados indianos e os separatistas ocuparam Dadrá, a engrenagem colonial começou a vacilar. Duas semanas depois, cairia também Nagar Aveli. Formou-se uma administração pró-indiana que só em 1961 se juntaria à União. Foi a primeira inconfessável afronta sofrida pelos descendentes do infante d. Henrique. Em nome de todos os filhos do império, quem se sacrificou foi Aniceto do Rosário, chefe da polícia indo-portuguesa de Dadrá, cuja fotografia guardou por muito tempo. Seria o primeiro herói da descolonização. Quase como uma maldição, Salazar achou que perder uma só escala no périplo das especiarias significava desmantelar o trajeto que a todos mantinha unidos, da pátria ao ultramar. Foi o que disse também o representante do governo de Lisboa junto do Tribunal Internacional de Justiça em 1960, defendendo a pertença das duas pequenas cidades de Damão e Diu e dos enclaves de Dadrá e Nagar Aveli. Sem essas pequenas contas da conquista, o rosário do cristianismo lusitano sentira-se desfiar, perdendo, um ano depois, também a fortaleza de São João Baptista de Ajudá, anexada sem grande dificuldade pelo reino do Daomé, que mais tarde se tornaria o Benim. Porém, com força e tenacidade, Salazar mantivera de pé o resto da Carreira da Índia, respeitando o mandato celeste que encarregara os portugueses da missão de conferir alma aos povos perdidos no esquecimento do animismo. E, mesmo com a certeza de que Deus o chamaria um dia a seus braços, ele haveria de sobreviver com seu império: "Gostaria de ver a confusão em que o país cairá quando eu desaparecer". Era uma entidade sublime, como Deus, Nossa Senhora de Fátima, Jesus descido à terra, era o nada e o tudo, o infinito e a potência, encarnava o espírito da nova Idade Média portuguesa instalada no século XX, a grandeza da distância atlântica, a ligação marítima entre a Europa e o Oriente, o desafio às incógnitas da geografia, a grandiloquência da descoberta e da conquista. O Senhor pousara uma mão no ombro do infante d. Henrique e oferecera-lhe a missão de conquistar os oceanos: um povo minúsculo, pequeno, agrícola, e um mundo imenso ao qual dar um nome e um destino cristão, para lá da Volta africana, para lá do cabo da Boa Esperança, para lá dos mares quentes da Índia e dos mares frios da China.

Regressado a casa, Augusto Hilário escreveu um bilhete ao seu cliente mais conhecido:

Exmo. Sr. Presidente, impressionadíssimo e preocupado, foi como hoje saí aí do forte. Peço a Deus, Sr. Presidente, que nenhuma consequência tenha havido com tão tremenda queda.

Assim, com os mais respeitosos cumprimentos, faço votos de muito boa saúde, pedindo-lhe desculpa de lhe escrever.

Não se sentindo aliviado, regressou, atormentado, ao forte, para entregar pessoalmente o sobrescrito que passaria a noite no átrio do rés do chão. Encontrou-o na manhã seguinte António da Silva Teles, um elemento do secretariado de Salazar. Nessa época, a presidência do Conselho não tinha chefe de gabinete. Para o ajudar, só havia dois secretários — Silva Teles e Anselmo Costa Freitas —, que iam todos os dias, alternadamente, de Lisboa ao Estoril para tratar e filtrar a correspondência. Anselmo Costa Freitas era muito novo e arrojado, tinha trinta anos, a cor dos seus olhos variava entre o azul nos dias cinzentos e o verde nos dias soalheiros, tendo já cabelos brancos. Sendo o mais novo de sete irmãos, e órfão de mãe com apenas três anos, casara-se poucos dias antes, em 23 de julho de 1968, com Daniela, filha do major Sarsfield Rodrigues. Salazar conhecia bem o major: mandara-o prender várias vezes. Tinha sido seu irmão mais velho, Manuel, sacerdote, a oficiar a cerimônia. Depois da queda, foi Anselmo o primeiro a notar algumas mudanças misteriosas no comportamento do ditador.

Ao ler a carta do calista, António da Silva Teles susteve a respiração e, assim que Salazar chegou ao seu gabinete, perguntou-lhe como se encontrava, mas o presidente respondeu que estava a usar pomadas para fazer passar as dores. E respondeu por carta a Augusto Hilário: "Parece não ter havido consequências da queda, além das dores pelo corpo. Muito obrigado".

Na verdade, aquela dor de cabeça andava a atormentá-lo, e não era pouco. Como tal, recebeu no dia 6 de agosto a visita do seu médico assistente, Eduardo Coelho, que no seu livro *Salazar, o fim e a morte*, escrito com o filho António Macieira Coelho, conta assim o que aconteceu:

Fiz um exame sumário e não encontrei qualquer alteração no exame neurológico. Avisei o presidente e d. Maria de que essas pancadas na cabeça podem ter consequências muito sérias — a formação de um hematoma, que exige intervenção cirúrgica. Avisei-os dos sinais e sintomas motores e psíquicos que aparecem, não imediatamente a seguir ao traumatismo, mas algumas semanas depois, de quatro a seis; outras vezes alguns meses, e mesmo até um ano e mais tempo. Avisei-os de que, logo que aparecessem essas alterações que nomeei, me chamassem imediatamente. Fiquei preocupado. Tinha preparado para este ano umas férias na Alemanha e em Paris. Queria descer o Reno (pela segunda vez e talvez a última), visitar a Alsácia e regressar por Paris para visitar os filhos e os netos. Mudei de rumo e reservei um quarto por quinze dias no Estoril-Sol, resolvendo não sair para o estrangeiro. O presidente Salazar não permitiu que me chamassem aos sintomas mais evidentes, entendeu que poderia esperar pela minha visita periódica. Eis a razão por que o vi com 36 horas de atraso, todavia antes do prazo marcado pelo presidente Salazar.

Toda essa preocupação era ditada não só por aparentes motivos clínicos, mas pessoais também. Eduardo Coelho era médico assistente de Salazar desde 1945 e nutria por ele um grande afeto, considerando-se um "amigo muito grato" e conhecendo perfeitamente suas reações físicas e psicológicas. E Salazar confiava cegamente nele, considerava-o essencial na luta que todos têm de travar contra as doenças e para afastar a sombra da morte.

Foi assim que o médico encontrou o doente num primeiro exame sumário: "Eram os primeiros sinais de hemiparesia direita (arrastava a perna direita), de lacunas de memória e de outras perturbações".

Eduardo Coelho era uma lenda médica. Foi um dos primeiros cardiologistas modernos em Portugal e o primeiro catedrático de Cardiologia na Faculdade de Medicina de Lisboa. Porém, também os ligava a história pessoal. Eram ambos filhos da ruralidade portuguesa, brumosa, longínqua, arcaica e provinciana; Salazar vinha da Beira Alta, Coelho do Minho. O médico contava muitas vezes que, quando andava na escola primária, tinha de percorrer três quilômetros a pé todos os dias. Talvez por isso não lhe agradasse que o metessem em trabalhos: à entrada da sala onde dava aulas, pusera uma placa com a frase: "Não prestem atenção à crítica, ela vem de homens que não fazem nada". Estudara na Universidade de Coimbra com António Egas Moniz, também ele do Norte do país, exatamente do distrito de Aveiro, maçom, prêmio Nobel pela invenção da leucotomia pré-frontal, que viria a ser modificada por cirurgiões norte-americanos em lobotomia propriamente dita, com o corte de um número superior de fibras nervosas. Desenvolvera com ele seu doutoramento, tornara-se seu colaborador e casara-se com uma das suas sobrinhas. Acompanhara Moniz nos momentos decisivos da sua existência: no dia 28 de junho de 1927, o professor realizou a primeira angiografia cerebral com contraste, para encontrar a causa de vários tipos de doenças nervosas, como tumores e malformações arteriovenosas; em 1949, esteve perto dele quando teve a honra de receber o ambicionado reconhecimento sueco que o consagrou ao sucesso internacional; foi testemunha da tragédia que se abateu sobre o médico em 14 de março de 1939. Egas Moniz recebeu no seu consultório Gabriel Coedegal de Oliveira Santos, que sofria de problemas mentais havia nove anos, possivelmente lobotomizado, e que tentou matá-lo, desferindo-lhe sete tiros de pistola. Quando só lhe restava uma bala no cano, Gabriel disparou, mas falhou o alvo e, não se apercebendo disso, saiu para o corredor a gritar: "Matei o dr. Egas Moniz!".

Poucos segundos depois, apareceu Eduardo Coelho e um colega que trabalhavam no mesmo piso. O professor, numa poça de sangue, disse-lhes: "Deixa-me morrer aqui tranquilamente. Estou mortalmente ferido. Esse desvairado crivou-me de balas. Não posso resistir". Eduardo Coelho pediu socorro, veio de imediato uma ambulância e o professor Egas Moniz sobreviveu, ainda que tivesse ficado paraplégico. Mesmo quando o prêmio Nobel morreu, ele estava lá; foi num frio 13 de dezembro de 1955 e Egas Moniz teve um ataque de gota e uma hemorragia digestiva. Morreu-lhe nos braços. E, desde então, receava que também Salazar pudesse ser vítima de um ataque repentino. Quem o apresentara a Salazar fora a família Serras e Silva, de Coimbra, muito próxima do presidente do Conselho português. Tinham uma relação tão próxima que Salazar chegou a dar-lhe um par de sapatos como prenda e a oferecer-lhe várias vezes ramos de flores. Em São Bento, o médico era da casa: quando nasciam hortaliças e couves na horta ou quando as galinhas punham ovos e chegava a fruta fresca de Santa Comba Dão, não lhe faltava um convite de d. Maria para almoçar. Comiam juntos: tinham a sensação de estar numa quinta no campo e não na residência de um chefe de Estado.

Um olhar à beira-mar

A vida sedentária e monótona do forte foi reatada como em todos os verões. Sua última aparição pública dera-se no dia 13 de julho, numa manifestação de transportadores que erguiam uma faixa a dizer "O pessoal dos transportes agradece a Salazar". Em 26 de julho, Salazar e a governanta d. Maria transferiram-se para o Estoril, segundo um ritual tradicional. Sua mudança para o forte permitia, assim, a grande limpeza anual dos gabinetes de São Bento. O imponente forte, pretendido por Filipe I para defender o Tejo e protegido por uma ponte levadiça, na estrada marginal que vai da capital até Cascais, era uma colônia estival luxuosa para os filhos dos militares, o Instituto de Odivelas. Salazar pagava do seu bolso o aluguel da parte do edifício que ocupava, como um distinto hóspede. Estipulava todos os anos um contrato com as tabelas de despesas a suportar. E, a bem da retidão, pedia que também lhe fizessem chegar orçamentos de outras pensões da zona litoral, embora depois acabasse sempre em Santo António.

Após a grave queda, não escondia das pessoas mais íntimas as dores de cabeça, que tentava remediar tomando aspirinas. Mas seu interesse estava voltado para a composição do novo governo, a guerra em África e a Primavera de Praga. Avesso que era a qualquer forma de exibicionismo, permitiu-se desaconselhar aos seus ministros a participação nos faustosos bailes marcados para o início de setembro por Patiño e Schlumberger, os quais pretendiam transformar Portugal num centro de cosmopolitismo mundano. O primeiro foi oferecido pelo magnata boliviano Antenor Patiño, o rei do estanho, em Alcoitão, entre Cascais e Estoril, seguido um dia depois pelo baile organizado pelo sr. Pierre Schlumberger, casado com uma portuguesa, na sua casa de férias em Colares, ambos novos-ricos com uma grande vontade de se darem a conhecer. Schlumberger era conhecido como Sr. Cinco por Cento, pois devia sua fortuna à invenção de um sistema para a refinação do petróleo que seria adotado por todas as grandes companhias petrolíferas. Por cada instalação extrativa, cabia-lhe essa percentagem.

Com efeito, o desembarque de personagens influentes do mundo inteiro entupiu o aeroporto de Lisboa a tal ponto que os bagageiros amontoavam pilhas de malas Vuitton nos carrinhos para então as distribuírem ao acaso pelos vários Rolls Royce que aguardavam no exterior, causando altercações entre os recém-chegados. Aproveitando-se dessas presenças, os gêmeos Francisco e Carlos Palha, proprietários de terras, organizaram um arraial com touros, danças, grelhados e mesas ao ar livre. A conhecida atriz Zsa Zsa Gábor, pseudônimo de Sári Gábor, húngara que se naturalizara norte-americana, foi apanhada com toalhas de banho e de mão do Hotel Palace do Estoril escondidas na mala e só a intervenção da embaixada americana a salvou do escândalo. Quem tratou de infringir a ordem foi a irrequieta filha do presidente da República, Natália Tomás, desejosa de participar em festas, o que criou alguma tensão entre os dois oficiais máximos do Estado lusitano.

Com o olhar sempre perdido no infinito, Salazar apoiava-se no muro do terraço do Forte de Santo António da Barra a perscrutar a imensidão do oceano. Depois, sentava-se numa cadeira bem segura, punha o binóculo e observava os barcos que iam passando ou enquadrava as pessoas que apanhavam sol nas rochas. Talvez aquela mulher e aquele homem estivessem no seu pensamento, talvez fossem seguidos pelos agentes da polícia política, a PIDE (Polícia Internacional e de Defesa do Estado), ou tivessem sido presos para depois serem libertados. Eram pessoas que dependiam de si: a felicidade delas era condicionada, tal como a liberdade. E, no entanto, aqueles gestos estivais e naturais pareciam-lhe uma licença que concedia ao povo. Já não se fiando muito noutras cadeiras, só se sentava na poltrona de estilo Alabama, com as pernas de madeira de faia, os braços bem visíveis, e corpo central e costas estofados. Apesar da sua discrição, aceitou nesse mês que o fotografassem. Ao almoço, estava sentado na mesma mesa de sempre, posta com uma toalha de bordados e um vaso de flores ao centro. Vestia-se de branco e usava gravata escura. Recebera o presidente da República Américo de Deus Rodrigues Tomás para discutir a remodelação do governo, mas parecia difícil encontrar um arranjo diferente, para lá de uma linha ideológica assente na lealdade e na competência.

No dia 15 de agosto, Salazar acolheu de braços abertos a escritora e jornalista Christine Garnier e seu novo marido, que decidiram passar alguns dias num hotel do Estoril. A conta seria paga do próprio bolso do presidente do Conselho. Já em 1951, Christine Garnier escrevera um livro a seu respeito, durante uma estada em Portugal (*Vacances avec Salazar*, editado pela Grasset), dando a conhecer aos europeus aquele homem distante e esquivo. Desenvolvida uma certa intimidade com a autora — diz-se que foi a única mulher pela qual manifestou abertamente um amor platônico —, Salazar falou-lhe da morte pela primeira vez. O eterno ditador sentia-se mais perto de Deus, embora também tivesse a mágoa de ver sua criação a ruir. Não podia deter o tempo, embora seu relógio, um velho Roskopf, nunca tivesse parado um só instante e ele próprio se desvelasse a dar-lhe corda todas as noites antes de se deitar. Os objetos que o rodeavam eram os mesmos: a mesma máquina fotográfica Zeiss Ikon, a mesma pasta de pele sempre cheia de folhas e livros, a mesma navalha de barbear, a mesma loção da Floid para depois de fazer a barba, a mesma bengala, a mesma caneta, os mesmos canivetes, uns vinte pelo menos. Guardava-os porque conservava assim também o tempo que encerravam, embora nesse verão sentisse uma inesperada necessidade de acelerar as coisas.

Assim, no dia 19 de agosto, anunciou o novo governo e encontrou-se com os novos ministros, e no dia 26 escreveu uma carta ao chefe de Estado do Biafra a assegurar um apoio português à independência do Estado secessionista. Seu empenho político, todavia, eivava-se de uma impressão interior que nunca antes sentira, uma ansiedade no corpo. A manifestação da crise deu-se logo no dia 27 de agosto, quando tomou aspirinas devido a uma forte dor de cabeça e ligou ao seu médico. A partir daí, as dores de cabeça tornaram-se frequentes.

No dia 31 de agosto, chegou também ao Forte de Santo António da Barra sua afilhada, Maria da Conceição de Melo Rita, conhecida como Micas, vinda das férias no Algarve com o marido. A mulher mostrou-se preocupada com o estado de Salazar, ainda que este tivesse tentado atenuar a ansiedade de quem se encontrava havia algum tempo ao seu lado. No dia seguinte, o presidente Tomás fez-lhe uma visita e achou-o de bom humor. Em 3 de setembro, teve lugar em Lisboa a primeira reunião do novo gabinete. Salazar parecia alheado, silencioso, desligado daquele Conselho de Ministros que deveria relançar a atividade governativa. Na manhã seguinte, teve dificuldades em assinar a habitual correspondência, sua caligrafia estava incerta. Passou a noite com fortes dores de cabeça. Ao chegar, o dr. Coelho constatou que Salazar tinha a perna direita bloqueada e a memória vaga. Um dia depois, deslocou-se ao forte o dr. Luís Ferraz de Oliveira, oftalmologista, que lhe examinou o fundo dos olhos. Na sua opinião, havia a possibilidade de formação de um hematoma que estaria a comprimir o cérebro de Salazar. Entretanto, o estado clínico piorava e começavam a manifestar-se sintomas de hemiplegia no lado direito, algo que permitia situar o hematoma do lado esquerdo do cérebro. Nesse momento, Coelho e Ferraz decidiram contatar o neurologista Miranda Rodrigues e o neurocirurgião Moradas Ferreira, tendo então optado pelo neurocirurgião António de Vasconcelos Marques, com o qual marcaram uma consulta para o dia seguinte, 6 de setembro, no Estoril. Depois de uma escrupulosa aferição, o médico aconselhou o internamento imediato.

A noite mais longa do regime

À tarde, o céu estriado da costa anunciava a lenta diminuição da luz, e uma gradual escuridão foi tragando as silhuetas urbanas das localidades turísticas. Poucos sabiam que era o ocaso do império português. Sentado na parte de trás do carro, ao lado de Coelho e Vasconcelos Marques, Salazar levava um olhar ausente, cheio de incredulidade por aquilo que estava a acontecer-lhe, ele que se considerava eterno. À frente iam sentados o motorista Manuel e o diretor da PIDE, Silva Pais. No trajeto, os dois médicos foram tentando tomar o pulso às suas faculdades mentais, mas Salazar não respondia a perguntas simples: em que universidade se formara ou em que ano se licenciara. Quando o motorista parou o Cadillac à porta do Hospital dos Capuchos, em Lisboa, onde estavam médicos a postos para um eletroencefalograma, o presidente saiu sozinho, mas não andou muito, ficando à espera de uma cadeira de rodas. Precisava de ajuda e, ao sentar-se, disse devagarinho, mais para si do que para os outros: "É incrível, parece incrível". O carro retomaria a marcha, pouco depois, rumo ao Hospital de São José, para uma radiografia. Os dois exames não conduziram a um diagnóstico certo. Decidiu-se então interná-lo na Casa de Saúde da Cruz Vermelha, no bairro de Benfica, aonde chegou às 23h30 para ficar hospedado no quarto 68, no sexto piso, cuja ala estava livre.

O subsecretário de Estado da presidência do Conselho, Paulo Rodrigues, deu ordens aos serviços de censura para cortarem qualquer notícia relativa à saúde do presidente do Conselho; o ministro Gomes de Araújo, depois de auscultar o presidente da República, põe preventivamente em alerta algumas unidades militares, e o ministro do Interior Gonçalves Ferreira Rapazote prepara um imediato plano de segurança.

Nessa noite, quando o Cadillac deixou o Estoril, centenas de convidados do jet set provenientes do mundo inteiro chegavam a uma quinta a poucos quilômetros de distância, em Alcoitão, local da festa do rei do estanho, Antenor Patiño. A cúpula do regime dividia-se entre os que dançavam com os milionários e os aristocratas, e os que — ansiosos — se precipitavam para o Hospital da Cruz Vermelha.

Foi certamente a noite mais longa do regime português, como longa será a noite de 25 de abril de 1974, que levou à

Revolução dos Cravos. Com sua chegada ao Hospital da Cruz Vermelha, pareceria terminar a relação entre Salazar e o poder. Se a elite portuguesa vivia momentos agitados, o país dormia um sono profundo, ignorando que, depois de quase meio século, se dava uma viragem inesperada. Outros médicos acorreram, entretanto, ao ditador mais longevo do planeta. Coelho propôs que a operação fosse conduzida à cabeça por Moradas Ferreira, conhecido expoente da oposição, ligado ao Partido Comunista Português, que acabou excluído por se encontrar nesse momento na Madeira.

O corpo do ditador foi submetido a todos os exames possíveis, para incredulidade dos próprios médicos: o físico já não estava a aguentar. Com o acordo dos médicos presentes, Vasconcelos Marques, depois de ouvir o parecer do exímio professor Almeida Lima, também ele chamado de urgência ao centro hospitalar da Cruz Vermelha, decidiu-se pela operação. As altas esferas do poder, reunidas na sala do lado, deram sua aprovação. O cardeal Manuel Gonçalves Cerejeira, mentor da ascensão ao poder do homem oriundo do Vimieiro, administrou a extrema-unção.

Maria Cristina da Câmara realizou a anestesia. Salazar entrou na sala de operações, onde, para além de Vasconcelos Marques, estavam a postos de bata Álvaro de Ataíde, Lucas dos Santos, Jorge Manaças e Fernando Silva Santos. Também se encontravam presentes Eduardo Coelho, Almeida Lima, Bissaia Barreto, Lopes da Costa, João de Castro, Ana Maria Monteiro, João Bettencourt, entre outros. Alguns eram membros conhecidos da maçonaria: Bissaia Barreto, Álvaro de Ataíde, o médico analista Fernando Teixeira, o nefrologista Jacinto Simões.

Por uma extravagante coincidência, Salazar ficou nas mãos do cirurgião Álvaro de Ataíde, também ele um conhecido expoente da oposição. O cirurgião era filho do coronel Álvaro Pais de Ataíde, que conduzira os militares contra a ditadura imposta em 28 de maio de 1926. Grão-mestre adjunto da maçonaria, também ele aluno do primeiro prêmio Nobel português Egas Moniz, maior especialista mundial de angiografia cerebral, apoiara abertamente todos os movimentos nascidos contra a ditadura, incluindo a candidatura de Humberto Delgado, o "General sem Medo", às eleições presidenciais de 1958, que terminariam com sua derrota, exílio e assassínio, a 13 de fevereiro de 1965, juntamente com sua secretária Arajaryr Moreira de Campos, quando tentavam entrar em Portugal.

De luvas e máscara no rosto, Álvaro de Ataíde via agora estendido à sua frente, na marquesa, seu pior inimigo, cuja vida tinha de salvar para que ele continuasse assim a mais vetusta ditadura do mundo. Foi ele, em todo caso, quem abriu o crânio de Salazar com o trépano, entregando depois a Vasconcelos Marques a missão de intervir no hematoma intracraniano subdural situado no hemisfério esquerdo. A operação demorou apenas duas horas. Coelho foi o primeiro a sair para anunciar aos dirigentes do país que se tratava de um simples hematoma, que já tinha sido retirado. Decidiu-se, então, revelar à pátria e aos territórios ultramarinos o que acontecera, redigindo-se um boletim médico no qual a censura pôs o dedo substituindo "hematoma intracraniano" por "hematoma" e "manhã" por "noite". Às nove da manhã, o noticiário da Emissora Nacional anunciou, pela voz de Pedro Moutinho, a operação realizada. É difundido um novo boletim às nove da noite, com pormenores inéditos: Salazar tinha sido "operado com êxito a um hematoma intracraniano subdural" e "continuava a melhorar progressivamente" numa situação de pós-operatório "que prossegue com normalidade".

O boletim de 8 de setembro era ainda mais positivo: o paciente alimentava-se normalmente, falava com os médicos e a ferida estava a cicatrizar bem. Dias depois, para demonstrar a normalidade da situação, Salazar recebeu no seu quarto de hospital as irmãs Marta, Maria Leopoldina e Laura. Tiveram lugar missas de gratidão ao Senhor em várias paróquias, inclusivamente na capela do Hospital da Cruz Vermelha, diante do qual se aglomeravam milhares de pessoas, para assinar a folha de felicitações afixada no átrio. Em 14 de setembro, o boletim médico anunciava o provável regresso do presidente do Conselho à sua residência. Maria da Conceição de Melo Rita, a fiel afilhada, conta assim seu primeiro contato com Salazar no hospital:

Não falava, tive a sensação de que me teria reconhecido, mas não fiquei com a certeza. Nas outras vezes que entrei no quarto, falava por monossílabos, quase sempre de modo incompreensível. Mantive a incerteza quanto ao reconhecimento da minha pessoa. Visita a assinalar foi a de Christine Garnier, vinda de propósito de Paris. Contaram-me o choque que sentiu ao ver *o senhor doutor* naquelas condições; saiu muito angustiada daquele encontro,

habituada que estava a conversar alegremente com ele.

Apesar do otimismo dos boletins oficiais, os boatos populares diziam que o ditador não tinha hipóteses de recuperação, de tal forma que a Rádio Moscou convidou as forças da oposição a prepararem-se e unirem-se para derrotar em definitivo a ditadura, e a Frente Patriótica de Libertação, através da sua emissora radiofônica clandestina, lançou um apelo para a formação de comissões cívicas nos postos de trabalho e de juntas revolucionárias que funcionassem como instrumentos de vigilância. Mas nada disso aconteceria.

A reviravolta teve lugar a 16 de setembro. De manhã, Coelho explicou a Salazar a operação a que tinha sido submetido. O professor Vasconcelos Marques desaprovou a atitude do colega. À hora do almoço, o dr. Álvaro de Ataíde entrou no quarto.

Assim que acabou de comer, Salazar sentiu uma forte dor de cabeça e, levando a mão à testa, disse ao médico a seu lado: "Estou muito aflito. Ai, meu Jesus!". E desmaiou na poltrona. Logo socorrido, foi-lhe diagnosticada uma hemorragia cerebral na parte direita, lado oposto à anterior. Uma vez mais, todo o mundo político português se apressou a acorrer ao presidente do Conselho. O dr. Coelho escreveu:

A evolução do caso clínico e o regresso de toda a sintomatologia não faziam entrever uma complicação tão grave como a que surgiu a 16 de setembro, quando se desencadeou um violento acidente vascular cerebral com hemorragia no hemisfério direito. Salazar tinha a mão na testa com dores violentas, repetia "Ai, meu Jesus!", e entrou imediatamente em coma. A imediata intervenção do dr. Ataíde, que já se encontrava no quarto do paciente, concorreu para o alívio da crise. Apareci poucos minutos depois. Chamamos novamente o neurocirurgião prof. Almeida Lima e depois outros médicos.

A hora da mudança

Em 17 de setembro, às cinco da tarde, reuniu-se no Palácio de Belém o Conselho de Estado, chefiado pelo presidente Américo Tomás e na presença das máximas autoridades. No relato que fez, Américo Tomás propôs a substituição de Salazar, uma vez que os médicos estavam de acordo quanto à impossibilidade de ele voltar a desempenhar suas funções de chefe do Executivo. No debate que se seguiu, Mário de Figueiredo, presidente da Assembleia Nacional, inclinou-se para o adiamento da escolha do substituto; Clotário Luís Supico confiou a Américo Tomás a opção entre uma mudança definitiva ou um mandato interino; António Furtado dos Santos, segundo vice-presidente da Assembleia Nacional, declarou-se contrário à

substituição imediata; Fernando Pires de Lima, primeiro vice-
-presidente da Câmara Corporativa, mostrou-se francamente
contrário à substituição; Albino Soares Pinto dos Reis votou
a favor de um novo presidente efetivo; Marcelo Caetano optou por um presidente interino, sem descartar a hipótese de
uma nomeação imediata do sucessor de Salazar; João Pinto
da Costa Leite considerou dolorosa a substituição de Salazar
ainda em vida, confiando ao chefe de Estado a eleição do cri-
tério oportuno; o general Fernando Santos Costa disse que Salazar deveria morrer na plena titularidade do seu cargo; o almirante Manuel Ortins de Bettencourt confiou, também ele,
as escolhas a Américo Tomás; Pedro Teotónio Pereira mani-
festou-se contrário à ideia de uma substituição de Salazar em
vida; José Soares da Fonseca era igualmente contrário a uma
substituição imediata; João Antunes Varela afirmou que apesar de tudo estavam garantidos os princípios fundamentais do
Estado; Clotário Luís Supico declarou-se a favor da nomeação
interina de alguém destinado a tornar-se presidente efetivo.

Seguiu-se um debate intenso e difícil. Foi Marcelo Caetano
quem identificou uma possível solução interina numa disposição da Lei Orgânica do Estado em tempo de guerra. Falou-
-se até do funeral de Salazar. Para Soares da Fonseca, havia que
identificar um local onde guardar o corpo, mas Américo Tomás
referiu que o presidente do Conselho exprimira já o desejo de
ser sepultado onde nascera. Disse que também lhe repugnava
a ideia de uma substituição imediata, mas que os superiores
interesses da nação impunham que fossem tomadas medidas
o mais depressa possível. Reservou-se assim o direito de auscultar em audiência privada todos os membros do Conselho
de Estado, para identificar alguém capaz de assumir o cargo
de presidente do Conselho.

Por proposta do embaixador americano, interpelado pelas
autoridades portuguesas, Salazar foi visitado pelo dr. Houston

Merritt, professor de Neurologia e vice-presidente da equipa médica da Universidade de Columbia, em Nova York, onde o próprio Coelho dera duas aulas em 1964. O neurologista norte--americano chegou a Lisboa em menos de 48 horas e, no dia 18 de setembro, emitiu um comunicado que concluía assim:

Infelizmente, o regresso às suas atividades habituais sofreu uma interrupção brusca há dois dias, depois de um incidente vascular cerebral, uma hemorragia no hemisfério cerebral direito. Essa hemorragia não tem relação com o hematoma subdural de que sofrera anteriormente, tendo sido consequência da ruptura de uma artéria cerebral. O presidente está a lutar valorosamente para vencer a lesão cerebral. Sua grande coragem e força de vontade foram fatores fundamentais para sua sobrevivência à agressão inicial sobre seu sistema cerebral. Tendo em conta essa grave situação, há ainda esperança de que possa sobreviver.

A avaliação pessimista do prof. Merritt, que falava exclusivamente de "sobrevivência", fez soar o alarme no mundo político lusitano. Estava em discussão um mandato interino, sugerido por Coelho também. O vaivém de médicos no Palácio de Belém era constante. Consultaram-se ainda quatro especialistas de gabarito internacional. O papa Paulo VI enviou a Salazar uma bênção apostólica. Em 25 de setembro, Américo Tomás deslocou-se ao quarto 68 do hospital de Benfica acompanhado pelos médicos. Em nome da equipe clínica, Vasconcelos Marques assegurou ao chefe de Estado que Salazar não sobreviveria ou, quando muito, continuaria a viver em condições que não permitiriam a manutenção das suas funções. Almeida Lima e Miranda Rodrigues concordavam acerca da irreversibilidade do dano, ao passo que Eduardo Coelho se inclinava para uma possibilidade de melhoras ou até de regresso a uma vida normal. A favor dos primeiros médicos contava o parecer do prof. Merritt.

Dá-se uma reunião subsequente no palácio presidencial de Belém. Segundo os clínicos, sair do coma não era uma conquista vital, o mais grave seria uma hemiplegia, uma paralisia da metade direita ou esquerda do corpo. Um dos médicos declarou que existiam duas hipóteses fundamentais: Salazar ou não sobreviveria ou continuaria a viver com fortes limitações, desde logo uma demência. Dirigindo-se ao presidente da República, Coelho protestou vivamente contra esse diagnóstico, admitindo, porém, que naquelas condições seria difícil a Salazar prosseguir sua atividade como presidente do Conselho, pelo menos de momento. Coelho assegurou que contava com uma recuperação de 80% a 90% das faculdades intelectuais e de 60% a 70% das motoras. Não lhe deram ouvidos e sua opinião foi contornada pelas cúpulas institucionais. Vasconcelos Marques declarou que, na melhor das hipóteses, Salazar ficaria inválido.

Ainda em coma, no quarto número 68 do Hospital da Cruz Vermelha, procedeu-se então à sua substituição. O presidente da República ouviu ainda os militares, que garantiram a unidade das Forças Armadas, mesmo perante a escolha de um civil. Já em 25 de setembro, Tomás confidenciara a Marcelo Caetano que a escolha recairia sobre si e, na noite de 26 de setembro, anunciou na rádio e na televisão a exoneração de António Salazar e sua substituição por Marcelo Caetano, que a 27 de setembro seria formalmente designado novo presidente do Conselho de Ministros, ao cabo de quarenta anos, quatro meses e 28 dias de domínio salazarista.

No seu discurso oficial, Caetano admitiu que o país tinha sido governado até aquele momento por um homem de gênio, mas que doravante seria guiado por um governo de homens como os demais. No quarto 68 do Hospital da Cruz Vermelha, consumava-se a agonia de uma ditadura que atravessara o século XX. Sobre esse repentino declínio velava o esgar aguerrido de d. Maria, que ocupava um quarto duas portas ao lado do aposento do doente grave, e que não arredava pé da cabeceira da sua cama nem do corredor, afastando-se apenas para rezar na capela do hospital, dando ordens peremptórias a todo o pessoal médico e filtrando as personalidades que podiam sequer se abeirar do quarto 68.

Na primeira reunião do Conselho de Ministros, Caetano propôs que Salazar, já titular da Grã-Cruz da Torre e Espada, fosse distinguido com o colar da Ordem do Infante D. Henrique, reservado em exclusivo aos chefes de Estado. Ficaram igualmente garantidas sua pensão vitalícia e a possibilidade de residir em São Bento. Salazar, entretanto, continuava no quarto do hospital de Benfica, com Vasconcelos Marques, que declarava: "Do ponto de vista clínico, já devia ter morrido mil vezes; se resiste, é por causa do seu coração e da sua força de vontade".

No delírio do quarto 68, só d. Maria compreendia os monossílabos emitidos pelo homem do Vimieiro. Chegava o ouvido à boca empastada de Salazar e percebia o que ele queria dizer-lhe. Tinha todo o Estado Novo na cabeça, mas sua cabeça estava agora doente. A quem lhe perguntava por que é que tinha poucos livros em São Bento, respondia assim mesmo: "Trago os livros na cabeça, não preciso de os ter nas estantes".

Se a censura permitira que as notícias relativas aos combates coloniais fossem publicadas como obituários apenas, no máximo com títulos de duas colunas, Salazar debruçava-se sobre a folha para ler os nomes dos falecidos, depois anotava-os numa folhinha às riscas, e olhava uma e outra vez para eles, até que lhe entrassem na cabeça. Só então deitava o papel para o cesto com um gesto lento, como se acompanhasse as pessoas indicadas até ao paraíso, que, certamente para si, era o destino dos que combatiam e morriam pela pátria, pelo cristianismo e pela missão divulgadora de Portugal no mundo. Seu arquivo memorial apropriava-se da lista completa dos mortos nas florestas coloniais onde jovens e rapazes da pátria defendiam o já decadente império. E se as outras potências coloniais cediam às pressões dos notáveis das tribos, concedendo independência a territórios espalhados por todos os continentes — a Grã-Bretanha criou com esse intuito, em 1931, a Commonwealth das Nações —, Salazar respondia que a história de Portugal impunha a manutenção dos territórios ultramarinos: "Somos um país pobre, doente, que não suporta facilmente grandes injeções de ideias novas", justificava-se. Um povo que crescera nas Índias e que a Inquisição pusera de joelhos...

Ao repensar no percurso da sua vida política, a palavra que porventura mais lhe saía entre os murmúrios da enfermidade era *ingratidão*. Aqueles que lutavam agora contra a pátria tinham sido formados naquela que ele pomposamente chamara Casa dos Estudantes do Império, no Arco do Cego, em Lisboa. Dezenas e dezenas de bolseiros das colônias tinham passado por lá: Amílcar Cabral, natural de Bafatá, segunda cidade da Guiné; o angolano Agostinho Neto, que, após a licenciatura em medicina, em 1958, combatia contra Lisboa; o também angolano Mário Pinto de Andrade, filólogo que conseguira até entrar na Sorbonne; Alda Espírito Santo, a poeta de São Tomé.

Ele pusera-os a estudar, permitira-lhes que se considerassem parte da grande história lusitana, que conhecessem a capital, que se instruíssem nas austeras salas das Universidades de Lisboa e Coimbra, que criassem uma cultura e uma profissão, e eles estavam agora a revoltar-se contra as concessões e as generosidades que o povo do infante d. Henrique lhes atribuía. Na realidade, os acessos eram muito limitados e controlados. Por exemplo, até 1970, só dois timorenses por ano eram inscritos nas universidades portuguesas. "Não se pode exigir de nós uma síntese da nossa ação civilizadora e da nossa ação na história universal", declarava abertamente o ditador, entregando a Deus a tarefa de julgar o comportamento de Portugal em relação às colônias. "Para Angola, para Moçambique, para a Guiné! E em força!", balbuciava. "As grandes potências", dissera certo dia aos microfones da Emissora Nacional,

têm de se convencer de que a única solução para África é a portuguesa, ficar lá, para superar a fase de dificuldades. As independências poderão acontecer muito lentamente. A Europa precisou de séculos para chegar ao que é hoje. África necessita de muito tempo, trezentos anos talvez. Os povos primitivos não podem passar de um estádio a outro repentinamente.

Tinha esses nomes bem guardados na cabeça, mesmo no meio do esquecimento de um coma que parecia enevoar-lhe a mente. De vez em quando, abria os olhos, falava, dava imaginários comícios improvisados no quarto 68 do Hospital da Cruz Vermelha. A seguir, remetia-se ao silêncio, pois desfilavam nos seus pensamentos os ficheiros da PIDE. Pretendia saber nome e apelidos dos que eram controlados, perseguidos, aprisionados e torturados. Estudava-os um por um, olhava para as fotografias, tentava interpretar por que é que se aferravam tão obstinadamente às suas ideias, mas depois rasgava todas as listas que Silva Pais, diretor da PIDE, lhe passava. Eram páginas batidas à máquina e policopiadas que quase imediatamente amareleciam e perdiam o preto da tinta. Gostava de passar a mão sobre as palavras impressas sem que elas lhe manchassem as pontas dos dedos. Parecia-lhe que quase acariciava o rosto das pessoas impressas nas fotografias. Desde que criara a PVDE (Polícia de Vigilância e Defesa do Estado) em 1933, ano da instauração do Estado Novo português, a qual viria em 1945 a transformar-se em PIDE (Polícia Internacional e de Defesa do Estado), emanação direta do chefe do governo, alargara seu domínio à respiração das pessoas. Para si, as práticas de torturas físicas e psicológicas de que a PIDE fazia uso corrente, na mais completa discricionariedade, eram "reações mentais salutares". Estabelecera até uma relação direta com a Gestapo e convidara o nazi Josef Kramer, comandante da SS, para cursos de especialização sobre tortura. O capitão Kramer, comandante dos campos de concentração de Natzweiler-Struthof, Auschwitz II-Birkenau e Bergen-Belsen, era também conhecido como *Bestie von Belsen* [Besta de Belsen] por causa da crueldade manifestada com os prisioneiros, massacrados sem piedade e cujos cadáveres eram empilhados nos campos. Salazar demonstrara uma certa relutância a esses métodos nazis, preferindo a tortura do sono ou da água.

Diante dos seus olhos, escancarara-se um mundo: não precisava de viajar, de se encontrar com pessoas, de apanhar bamboleantes aviões ou navios lentos para chegar a lugares distantes, não tinha necessidade de visitar cidades exóticas com nomes altissonantes como Lourenço Marques ou Porto Amélia, em honra da última rainha portuguesa, tocar remotos centros coloniais como Macau ou Díli. Aquelas folhas policopiadas narravam-lhe a vida cotidiana de cada rua, de cada escola, as condições dos colonos e daqueles que, para escaparem ao controlo apertadíssimo da Polícia Especial, preferiam desvanecer-se nas mais longínquas dependências coloniais, sem saberem que também lá a sombra da delação os seguia noite e dia. Mas, até que nascessem os movimentos de libertação, fazia-se vista grossa aos dissidentes que situassem sua existência nas margens do império. Curiosamente, quando chegava uma delegação de uma cidade de Angola ou de Moçambique, de Timor-Leste ou de São Tomé e Príncipe, Salazar desbobinava um conhecimento inusitado de lugares e pessoas. Era capaz de perguntar como estava o sapateiro Manuel ou o serralheiro

Luís, o taxista Mário ou Teresa, a professora de filosofia. O repertório do império incluía os habitantes das ilhas da Madeira e do arquipélago dos Açores. Certa vez, um advogado da Madeira, administrador delegado de uma importante empresa, conseguiu através de conhecidos um encontro com Salazar, do qual tinha sido colega de estudos em Coimbra. Reavivados os anos da juventude, fazendo a lista dos colegas vivos e mortos, conhecidos ou desaparecidos, o advogado ilustrou-lhe a situação crítica da empresa, por causa dos créditos que eram devidos à administração pública. Depois de o ouvir, o ditador acompanhou-o amavelmente à porta, sorrindo, embora sem dizer uma única palavra. Voltou à escrivaninha, na qual estava pousado um dossiê sobre seu ilustre colega, provando que conhecia perfeitamente a questão abordada.

Agora, no claro-escuro das sombras que lhe atormentavam a memória, inicialmente ferida por um hematoma e depois por uma hemorragia cerebral, tentava falar com todas aquelas pessoas, para pôr a razão de Estado acima de qualquer ato sofrido e qualquer ofensa padecida. Porém, não conseguia e ofegava, suava, estertorava. Foi assim que Marcelo Caetano o viu numa visita em 30 de setembro, com o rótulo de novo presidente do Conselho, ali posto diante de outro presidente do Conselho que "em breve morrerá", conforme formulou na ocasião.

Num certo balouço entre a vida e a morte, Salazar sofreu nesse período de coma de um desequilíbrio ácido-básico, alterações metabólicas e insuficiência renal, tudo consequências que o puseram à beira do falecimento. Porém, Salazar não estava sozinho no quarto 68 do hospital: d. Maria rezava ao seu lado, Vasconcelos Marques vigiava seu corpo doente e o dr. Coelho, que o visitava habitualmente três vezes por dia, intervinha em caso de complicações graves, umas seis no decurso do coma. Juntamente com os especialistas, chegou a recorrer a um choque elétrico de duzentos watts para combater um episódio de taquicardia supraventricular. Nos últimos dias de outubro, Salazar recobrou a consciência, sorria e respondia normalmente às perguntas que os médicos lhe faziam. D. Maria, a um canto, com o véu na cabeça, chorava e beijava o rosário. Mas, em novembro, seu estado de saúde agravou-se, com uma taquicardia paroxística. Até os médicos mais próximos pensaram que a morte não tardaria e seria inevitável. Contrariamente às expectativas, Salazar recuperou a forma em finais de novembro, a ponto de poder receber visitas. A equipa clínica do Hospital da Cruz Vermelha aconselhou então o regresso à residência de São Bento, como de resto o Conselho de Ministros previra. Por uma estranha coincidência, no quarto 81 do mesmo hospital tinha sido internado, entretanto, Mário de Figueiredo, membro do Conselho de Estado e presidente da Assembleia Nacional, que era seu amigo de juventude, tendo ambos frequentado o seminário de Viseu, e que acompanhara toda a carreira política do ditador.

O boletim de 29 de novembro patenteava que Salazar, suspensa a respiração assistida e retirada a sonda gástrica, passava o tempo sentado na poltrona a responder às perguntas dos médicos, das enfermeiras, das visitas frequentes. Estava tomada a decisão: em 6 de dezembro, anunciou-se que Salazar deixaria em breve o Hospital da Cruz Vermelha para rumar à sua residência. Porém, o boletim médico emitido nesse dia foi misteriosamente anulado. A frase final em que se declarava que Salazar seria assistido em São Bento pelo seu médico pessoal, ou seja, pelo dr. Coelho, foi cortada diretamente pelo presidente da República. Coelho ficou obviamente contrariado com esse corte e, assim sendo, o hospital decidiu adiar para o dia 13 a emissão do último comunicado médico.

Coelho pediu várias vezes para ser recebido por Américo Tomás, para que se esclarecesse o equívoco. Transpôs finalmente o portão do jardim de Belém a 10 de dezembro. O presidente respondeu-lhe simplesmente que ao lado de Salazar teria de ficar o dr. Vasconcelos Marques. Assim, depois do boletim de 13 de dezembro, em que se sancionava que Salazar sairia do hospital no "fim da próxima semana", Coelho começou a receber telefonemas de vários jornalistas: dentre eles, um redator do diário *Primeiro de Janeiro*, do Porto, que solicitou esclarecimentos acerca da verdadeira condição de saúde do inventor do Estado Novo. Aquelas poucas palavras ditas ao jornalista do Porto, que as transformou numa entrevista gravada, estiveram no centro de acérrimas polêmicas políticas. Daí o ulterior adiamento da alta do importante doente do Hospital da Cruz Vermelha.

Regresso a São Bento

O dia da despedida do hospital chegou finalmente a 5 de fevereiro de 1969. À sua cabeceira, prontas para as fotografias da praxe, estavam dezessete enfermeiras. Durante o período de internamento, Salazar tinha sido visitado por 43 médicos de diversas especialidades e sido operado por treze deles. Como prova da sua recuperação, dias antes, durante uma consulta com o professor Carlos Larroudé, catedrático de otorrinolaringologia da Faculdade de Medicina de Lisboa, Salazar exclamara antes de baixar a língua, com o habitual sarcasmo: "Não revelarei nada, tenho a língua curta!". Terminada a visita do presidente da República, Salazar disse a Coelho: "É um santo homem", não estando a par da sua substituição, tão fortemente desejada pelo próprio Tomás. À saída do Hospital da Cruz Vermelha, Salazar é abordado por um jornalista da RTP, a televisão estatal, que lhe pede notícias sobre seu estado de saúde e ele responde que está melhor. A seguir, o repórter lança uma segunda pergunta: "Que acha do professor Marcelo Caetano?". Salazar, ignorando que ele lhe tomara o lugar, responde com naturalidade: "É um político de grande valor, mas muito ambicioso!". Três dias depois do seu regresso a casa, o cardeal Manuel Gonçalves Cerejeira passou uma hora com seu fraterno amigo. Ao despedir-se da corte presidencial, o patriarca católico português exclamou: "Mas que diferença! Que recuperação! Se não o tivesse visto com meus olhos tão doente, não acreditaria! Discutimos os problemas atuais da Igreja: foram vários os conselhos que me deu!".

No frio início de 1969, Salazar, rodeado de médicos e enfermeiros, sentiu-se pronto para retomar seu papel no governo do país. Em primeiro lugar, pediu que lhe fossem entregues os relatórios semanais do diretor da PIDE que, felizmente, d. Maria pusera de lado. A pilha de folhas datilografadas constituía, para Salazar, uma apetitosa atualização da vigilância da pátria e do ultramar. Para mais, tinha curiosidade em saber se os agentes conseguiam apanhar algum opositor ou clandestino que o mantivesse apreensivo. Sentia-se de novo senhor de milhões de vidas. Os suspiros dos suspeitos iam entrando suavemente na sua cabeça, uma vez mais pronta a catalogar as várias situações: detenções, perseguições, delações, inquéritos judiciais, condenações sumárias, marginalizações sem prazo na prisão do Tarrafal, em Cabo Verde, ou torturas nas catacumbas do Forte de Caxias, transformado numa espécie de lago fechado onde pendia a cabeça de gente privada de toda e qualquer esperança.

Para sua sorte, Marcelo Caetano deixara no seu posto o antigo ministro do Interior, António Manuel Gonçalves Ferreira Rapazote, nomeado em agosto do ano anterior pelo próprio Salazar. O advogado de Bragança substituíra Alfredo dos Santos Júnior, provavelmente cansado de tratar da tarefa prioritária: levar a cabo a ação repressiva de forma sistemática. Gonçalves Ferreira Rapazote devia muito a Salazar, ainda que tivesse qualificado o marcelismo como uma nova Primavera política.

Havia uma certa continuidade entre os dois ministros. Dos Santos, também ele natural de Viseu, médico, presidente da Câmara de Gouveia entre o pós-guerra e 1959, pertencia à burguesia da Beira Interior. Conferiu ao ministério um cunho de controlo também sobre o conjunto da administração do Estado, presidentes de câmara, governadores, parlamentares, altas figuras das corporações etc. Seu sucessor, também ele proveniente da elite do Norte do país, pôs de imediato sob vigilância os notáveis provinciais e deu um apertão à emigração clandestina. Ambos se encarregaram ainda de governar a economia do país, de montante a jusante, verificando o respeito pelas normas que conduziam à determinação dos preços dos produtos agrícolas, pelas regras de acesso ao mercado e pela autorização de produção de alguns bens pela indústria. O Ministério do Interior era, pois, um elemento fundamental dessa autonomia autárcica do Estado Novo que não pretendia de todo depender do mercado global.

Gonçalves Ferreira Rapazote foi incumbido por Marcelo Caetano de manter a farsa à cabeceira do ditador entretanto espoliado das suas funções. Dirigiu-se a São Bento por duas vezes no mês de fevereiro, para informar Salazar da situação política e militar do país e do ultramar, agudizada sobretudo pela guerra em Angola. No final do primeiro encontro, o dr. Coelho demorou-se à conversa com ele: "Não interessa ao governo saber que Salazar recuperou extraordinariamente tanto a mobilidade física como suas funções cerebrais e mentais? Estamos num país de loucos?". O outro não respondeu e foi-se embora. Não podia certamente dizer que Salazar era vítima da censura que ele próprio pusera em prática. Ao conversar com o então ex-ditador, Coelho perguntou-lhe se não estaria farto daqueles longos encontros com o ministro do Interior. Ao que ele respondeu: "Eu não me canso, posso estar uma, duas ou três horas a discutir algum problema com os ministros. Mas, se eles não aproveitarem essas conversas, estarei a perder meu tempo e eles o seu".

A visita do presidente Américo Tomás teve o mesmo resultado. Salazar perguntava-se como podia ele insistir tanto em falar da sua hemorragia cerebral em vez de discutir as grandes questões em aberto no país, da guerra colonial às escolhas corporativas que conviria realizar o mais depressa possível para relançar a economia, dos protestos dos jovens ao despovoamento dos campos devido à crescente emigração. A grande ficção limitava-se, assim, aos aspectos exteriores. Ao entrar nos pormenores de cada problemática, talvez o velho estadista intuísse que algo não batia certo.

Daí em diante, recebeu todos os dias duas ou três personalidades, predominantemente à tardinha. Eram ministros, governadores, amigos, confidentes, dirigentes da PIDE e das corporações. A ordem imposta pelo novo presidente do Conselho e pelo velho presidente da República valia para todos: fazer de conta que ainda era ele quem dirigia os territórios portugueses. Para tornar a dissimulação ainda mais evidente, tocava muitas vezes aos interlocutores dizer mal de Marcelo Caetano ou de Américo Tomás, para paparicar o ego do ex-déspota. Um dos primeiros a conferenciarem consigo foi o amigo Jorge Pereira Jardim, que tivera uma longa carreira política antes de se dedicar à indústria em África. Em 1952, aliás, o empresário Raul Abecassis pedira-lhe que dirigisse a fábrica da Lusalite em Dondo, em Moçambique. Tornara-se aí amigo pessoal de Ian Smith, primeiro-ministro da Rodésia (hoje Zimbabué) e do presidente do Maláui, Hastings Kamuzu Banda. Salazar encarregara-o de encontrar uma via diplomática para resolver a intrincada situação da colónia portuguesa, elaborando o "Plano de Lusaka" e encetando contatos com os resistentes da Frelimo, a Frente de Libertação de Moçambique. O dirigente industrial não podia, portanto, senão informar aquele que o encarregara da negociação, a despeito da evolução da situação política em Lisboa. Assim que se soube do encontro com Jardim em São Bento, o pânico espalhou-se entre os altos cargos do Estado.

D. Maria, a fiel Maria da Conceição de Melo Rita, o gélido guarda-costas Agostinho Barbieri Cardoso, os secretários António da Silva Teles e Anselmo Costa Freitas viram-se em apuros quando Salazar se considerou a postos para ler os jornais, como era seu hábito. Tinha uma ligação particular, desde jovem, ao *Diário de Notícias*, que transformara numa espécie de voz do governo, embora também de voz dos intelectuais portugueses com prestígio, mesmo da oposição, como João José Cochofel, Luiz Francisco Rebello e Eduardo Lourenço. O ex-ditador e o diretor do jornal, Augusto de Castro Sampaio Corte-Real, tinham um percurso comum, ainda que o jornalista, nascido em 1883, tivesse acumulado experiências importantes antes do surgimento do Estado Novo.

Augusto de Castro, nascido no Porto, que também se licenciara em direito em Coimbra, era um conhecido advogado, jornalista, diplomata e dramaturgo, alguém que se saía bem onde quer que se aplicasse. Moderado republicano e situacionista, tinha sido diretor do *Diário de Notícias* entre 1919 e 1924, tendo então abraçado a carreira diplomática, vivida como uma espécie de exílio, com papéis de grande envergadura como embaixador em Londres em 1924, no Vaticano entre 1924 e 1929, em Bruxelas entre 1929 e 1931, e ainda entre 1935 e 1938, na Roma fascista na primeira década dos anos 1930, em Paris no segundo pós-guerra. Desembaraçara-se otimamente entre Mussolini, que admirava, e De Gaulle, com o qual não estava de acordo, a corte inglesa e o conclave papal, os serviços secretos americanos e os dirigentes do Plano Marshall, do qual fez parte como representante português. Durante a guerra, manteve ligações com Berlim por intermédio do barão Werner von Rheinbaben, funcionário dos Negócios Estrangeiros como empregado da Cruz Vermelha alemã, que visitou Lisboa em maio de 1941. Nessa ocasião, o nobre alemão confirmou a Castro que Hitler admirava a ordem salazarista, que aceitava a pluralidade europeia e que não existia nenhum plano que obrigasse a península Ibérica a uma fórmula germânica rígida.

Depois de abraçar a fé do Estado Novo, Augusto de Castro tinha sido posto de novo à frente do jornal de eleição pelo próprio Salazar em 1939 e, imperturbável, dirigia o jornal de Lisboa havia trinta anos. Também fora nomeado comissário-geral da Exposição do Mundo Português de 1940, máxima expressão do poder ultramarino do Estado lusitano. Além do mais, era deputado, membro do Conselho de Administração das Companhias Reunidas de Gás e Electricidade, da Companhia Angolana de Agricultura, da Academia Brasileira das Letras, da Academia Internacional de Cultura Portuguesa, entre mil outras coisas. Teve igualmente um grande sucesso como homem de teatro, levando à cena vários textos desde o início do século XX até os anos 1950. Era amigo íntimo do ditador, que visitava habitualmente um dia por semana, para analisar a situação política, de tal forma que era considerado, em Lisboa, "os olhos e os ouvidos de Salazar". Só por uma vez se aventurara a ir além da vontade do chefe supremo quando, depois da morte do presidente Carmona, em 1951, pretendeu lançar uma campanha para que o amigo assumisse esse cargo, tendo sido prontamente travado pela censura e pelas advertências do presidente do Conselho, que tencionava manter a coesão do partido único, a União Nacional. O olhar perturbador de Castro, através de um monóculo e posteriormente óculos redondos, chegava a paralisar quem estivesse à sua frente. Antes de falar, encaracolava o bigode à americana e mexia as pequenas mãos para explicar o que pensava. Era o homem da elite portuguesa a quem Salazar mais dava ouvidos, batendo a concorrência de outros jornalistas, muito próximos do presidente, como Raul Rêgo do *República* e Norberto Lopes do apreciado *Diário de Lisboa*. Devido aos muitos afazeres, Castro não tinha grande interferência na vida do jornal, que considerava um brinquedo seu, e era frequente passar às quatro da manhã na tipografia, quiçá depois de uma noitada de fado ou numa boate do Bairro Alto, para saborear antecipadamente o diário que dava à estampa, havia décadas, sem grandes sobressaltos nem inconvenientes.

Quando teve conhecimento da recuperação mental do amigo, Augusto de Castro Sampaio Corte-Real não se acanhou, instigado também pelo chefe de Estado, ao qual faltava coragem para contar a verdade a Salazar. Havia, pois, que manter o fingimento: de resto, ele era a nação, era a alma portuguesa, era o símbolo do império que subsistia no planeta. E, além disso, quem não lhe devia algo? Ao olhar seus interlocutores nos olhos, Augusto de Castro percebeu que todos eles, no fundo, dependiam do homem do Vimieiro.

Estranhamente, Augusto de Castro marcou presença certa manhã no seu gabinete de diretor, hábito que perdera anos antes. Quem o viu a bater à porta e a entrar achou-o com um olhar curiosamente perdido no nada, absorto, a desgastar a grande mancha que tinha na face direita, à altura da orelha. O diretor perguntou então quem tinham sido os últimos contratados e ordenou que fossem ao seu gabinete. Eram jovens licenciados, encarregados das notícias breves, que se viam pela primeira vez diante do diretor, um dos rostos mais conhecidos de Portugal, embora um quase desconhecido para os vulgares redatores, dado seu extravagante hábito de não viver por dentro o jornal. Tinha-lhe sido atribuído o Grande Prêmio Nacional de Literatura e, no Porto, sua cidade natal, havia sido premiado como melhor jornalista pelo Sindicato Nacional dos Jornalistas em colaboração com a Casa da Imprensa, instituição privada de solidariedade social, pela associação dos jornalistas e homens de letras do Porto e pela cooperativa Jornalis. Assim, sua glória aumentara, acrescentando-se a ela o papel fulcral que desempenhava na vida da capital e do país. Castro olhou um a um os jovens estagiários, ergueu as pequenas mãos, quase a modelar uma estátua, e disse-lhes que fossem pelo país investigar a vida passada de Salazar. Cabia-lhes escrever a primeira verdadeira biografia do artífice do Estado Novo, dado que, julgando-o eterno, nunca ninguém fizera um ponto de situação sobre as várias escalas que o tinham levado ao topo da República, do Vimieiro até São Bento.

O sistema que Augusto de Castro elaborara baseava-se na atenta releitura e reescrita das páginas do seu jornal. Em primeiro lugar, cada encontro do agora ex-presidente teria de ser devidamente assinalado, de maneira que fosse possível reconstituir a primeira página. Depois, seria necessário cobrir todos os artigos que citassem Marcelo Caetano como presidente do Conselho, e também as novas personalidades políticas do marcelismo, porventura com publicidade ou folhetins. Uma vez que suas idas à redação eram noturnas, Castro punha-se assim todas as noites, logo que ficavam prontos os exemplares do diário destinados aos quiosques, a trabalhar afincadamente com o chefe da tipografia no sentido de redigir um exemplar, e um apenas, para o amigo Salazar.

A parangona era quase sempre dedicada ao encontro diário que o ex-ditador tivera em São Bento, segundo as indicações dos secretários. E mesmo que a reunião não tivesse tido nenhum resultado prático, como Salazar muitas vezes lamentava, o simples fato de um ministro, um governador, o chefe da PIDE ou uma personalidade ilustre se dirigir à sua residência era suficiente para proporcionar um título à cópia redigida especialmente para o ex-tirano. Em seguida, inseria-se nesse exemplar um artigo onde se reconstruía a carreira do homem que partira dos confins da província rural e que conquistara o pináculo do império criado pelo infante d. Henrique. Este, por acaso, tinha o título de duque de Viseu, a pequena cidade onde o futuro ditador estudara. A realização dessas biografias encontra-se ainda hoje na base do conhecimento que temos desse homem cheio de mistérios. Sua trama pessoal condensou a marcha dos domínios portugueses desde o declínio da monarquia ao mundo dos Beatles e dos Rolling Stones.

2.
Do Vimieiro a Lisboa

"É bem o produto de uma fusão de estreitezas: a alma campestremente sórdida do camponês de Santa Comba apenas se dilatou em pequenez pela educação do seminário, por todo o inumanismo livresco de Coimbra, pela especialização rígida e pesada do seu ansiado destino de professor de finanças": assim escrevia Fernando Pessoa a respeito de António Salazar no momento da sua ascensão política. Da janela de uma firma de tecidos da Baixa pombalina, Bernardo Soares, pseudônimo de Fernando Pessoa, sonhava no *Livro do desassossego* "viagens aos países incógnitos, ou supostos ou somente impossíveis". A rua dos Douradores torna-se o labirinto em que Portugal se debate, da grandeza da conquista à decadência colonial: "A sensação de libertação, que nasce das viagens? Posso tê-la saindo de Lisboa até Benfica, e tê-la mais intensamente do que quem vá de Lisboa à China, porque se a libertação não está em mim, não está, para mim, em parte alguma".

Como viria a escrever o saudoso Antonio Tabucchi,

Não há medida salazarista que Pessoa não tenha mofado em poesia. O mesmo sobre o Estado Novo, visado numa longa composição de 29 de julho de 1935 que termina com esta quadra: "Que a fé seja sempre viva./ Porque a esperança não é vã!/ A fome corporativa/ É derrotismo. Alegria!/ Hoje o almoço é amanhã". A rádio nacional é apelidada de "Radiofonia de não sei que melodia/ de quem canta a sós/ ante um

51

microfone morto". E o nome de Salazar é decomposto em sal e azar: "Este senhor Salazar/ É feito de sal e azar./ Se um dia chove,/ A água dissolve/ O sal,/ E sob o céu/ Pica só azar, é natural" (março de 1935). E ainda: "Coitadinho/ do tiraninho!/ Não bebe vinho.// Nem sequer sozinho...// Bebe a verdade/ E a liberdade./ E com tal agrado/ Que já começam/ A escassear no mercado" (março de 1935). E por fim: "Vai pra o seminário/ Vai/ O vento é contrário/ Vai des-can-sar.// Já fizeste contas/ Até que as tresleste.// Vê lá se me encontras/ Do lado de leste" (março de 1935).

Em 4 de fevereiro de 1935, meses antes da morte, que aconteceria em 30 de novembro desse ano, Pessoa publica no jornal *Diário de Lisboa* um artigo em que, criticando o projeto de lei de José Cabral relativo à dissolução das sociedades secretas e em particular da maçonaria, ataca de forma direta a ditadura liderada pelo antigo professor de Coimbra. Com esse artigo, distancia-se em definitivo do seu panfleto de 1928 intitulado *O Interregno: Defesa e justificação da ditadura militar em Portugal*, no qual defendera, sem apoiar diretamente o golpe de Estado de 1926, a necessidade temporária de um governo militar que repusesse a ordem pública num Estado cheio de divisões, a seu ver, "contra si mesmo". Realçando o já perene conflito entre republicanos e monárquicos, o poeta e escritor afirma que Portugal está privado de uma ideia nacional, apesar de ter atrás de si a grandeza de um império espalhado por todos os continentes.

É nessa contradição entre grandeza e modéstia que encontra espaço a ascensão de António de Oliveira Salazar, "um aritmético", "francamente inimigo da dignidade do homem e da liberdade do Estado", escrevia Pessoa. Seu caminho, de simples camponês a professor, de especialista em finanças a estratega do Estado autoritário e intransigente, não seria de todo conjecturável no momento em que nasceu, em 28 de abril de

1889 na modesta aldeia do Vimieiro, então com 580 habitantes, dotada de telégrafo, no município de Santa Comba Dão, filho de António de Oliveira e de Maria do Resgate Salazar, apelido de origem espanhola com o qual prefere ser identificado desde jovem pela escassa originalidade do apelido paterno, bastante difundido na zona. Uma família de camponeses pobres, com cinco filhos, dos quais António era o mais novo e o único masculino, que melhorou suas condições quando a linhagem dos Perestrelos chamou o pai a desempenhar o papel de caseiro das propriedades onde se produziam vinho, azeite, hortaliças, cereais e fruta. António Xavier Perestrelo Corte-Real, ex-governador civil de Porto Alegre, redator do jornal *Viriato* de Viseu, era o último descendente de uma família tradicional e rica de grandes propriedades fundiárias. Perestrelo e a filha Maria foram padrinhos de Salazar no seu batismo, no dia 16 de maio. Além desse trabalho, a família Oliveira abriu parte da casa, ampliando-a, como pensão para os trabalhadores da terra que vinham de fora. Além disso, António de Oliveira também fazia intermediações imobiliárias, condições que permitiram à família enviar os filhos para a escola: Marta, a primeira filha, estudou para ser professora primária; António foi educado por José Duarte, secretário municipal e professor local que transformava sua casa em sala de aulas.

Os jornalistas enviados por Augusto de Castro Sampaio Corte-Real recolheram o testemunho da irmã Marta: "Brincava pouco, preferia passear com seu cãozinho, era tímido e meigo, era o preferido da nossa mãe. Quando nos castigava por alguma malandrice, ele ia a correr ter com ela para lhe pedir que nos perdoasse. Não suportava ver-nos chorar". Salazar cresceu num Portugal provinciano, católico, nebuloso e soturno que permaneceu indiferente ao que ia acontecendo nas grandes cidades: a revolta de uma guarnição militar em 31 de janeiro de 1891, no Porto, prontamente reprimida, a favor da

República; o regicídio de d. Carlos e do príncipe Luís Filipe em 1º de fevereiro de 1908; a consequente subida ao trono de Manuel II de Bragança, *O Desventurado*, a agonia do sistema e o nascimento da República em outubro de 1910.

Dedicado à mãe, portanto, embora também à natureza, António adorava os animais, as plantas, as flores. Para que prosseguisse os estudos, os pais pensaram em mandá-lo a Viseu para estudar, mas ele era demasiado tímido e misantropo para ir parar a um colégio. Veio em seu socorro o pároco, que pediu à família que o enviasse para o seminário. Assim, depois do exame da instrução primária, António entrou para o seminário diocesano de Viseu, cidade medieval de pedras antigas, monumentos, palácios históricos. Integrou-se bem, frequentando o curso trienal de teologia, findo o qual publicou em 1908 seu primeiro escrito repleto de uma linguagem mística. Nesse período, escreveu ainda seu primeiro poema, intitulado "Uma rosa", rico de romantismo infantil. Os jornalistas do *Diário de Notícias* também recolheram testemunhos daqueles que tinham frequentado o seminário com Salazar, reconhecendo-lhe escrupulosidade e rigor, também realçados pelo cônego António Barreiros, homem de grande cultura teológica, que acolheu o futuro líder político sob sua asa protetora. Uma cabeça brilhante, inquieta e curiosa, segundo Barreiros, mas sobretudo um homem respeitador da disciplina. As fotografias enquadram-no como "Padre Salazar", com a túnica preta e um belo sorriso tranquilizador.

Do seminário de Viseu, o jovem António passou para o vizinho Colégio da Via-Sacra, para consolidar sua vocação. Concluiu com aproveitamento os cursos, a primeira seção do curso geral do liceu, acabada em 18 de julho de 1909, e a segunda seção do curso geral ou curso complementar de letras, tirando ótimas notas sobretudo em história, português, francês, geografia e matemática. Ao regressar ao Vimieiro no verão de 1910, sua madrinha Maria de Pina de Perestrelo convidou-o a ir estudar em Coimbra: "Teu filho não tem vocação nenhuma para ser padre, não deve continuar no seminário. É inteligente, tem de estudar", disse ao pai. Nesse verão, o jovem António teve também uma paixão por Felismina de Oliveira, à qual escreveu um bilhete, pelo São Valentim. Foi então estudar em Coimbra: morava num quarto modesto na Couraça da Estrela, embora almoçasse em casa dos Perestrelos, convivendo com as famílias abastadas da cidade e passeando muitas vezes de braço dado com as belas filhas da burguesia pelas margens do Mondego, enquanto, na sua aldeia, Felismina ansiava pelo reencontro e talvez não se perdoasse por não ter cedido às suas propostas.

No ano em que se inscreveu primeiramente na Faculdade de Letras e, logo depois, na de Direito, foi proclamada a República. Em Coimbra, os estudantes conservadores e republicanos já confraternizavam, enquanto os católicos como Salazar se insurgiam contra o anticlericalismo da recém-nascida República. António aderiu ao Centro Acadêmico de Democracia Cristã, conhecendo pessoas que seriam fundamentais na sua ascensão política, a começar por Manuel Gonçalves Cerejeira, futuro cardeal de Lisboa, José Nosolini e Diogo Pacheco de Amorim; conheceu em seguida Manuel Rodrigues Júnior, também ele ex-seminarista, futuro ministro da Justiça, e Fernando Baeta Bissaia Barreto Rosa, médico que se manteria um amigo discreto de Salazar durante toda a sua vida. Não o sabem ou não se dão conta disso, mas a elite política do país nascerá dali.

Os encontros estivais com Felismina não deram em nada. Nos três anos em que ele estudou em Coimbra, ela sofreu de males de amor. Já ele reunia-se com frequência em casa de Glória Castanheira com os amigos, entre os quais Mário de Figueiredo e José Beleza dos Santos. Fez o primeiro discurso em 1914, no Porto, por ocasião do segundo congresso da Juventude

Católica, sobre o tema "A democracia e a Igreja". O grupo revia-se nas linhas políticas da Action Française de Charles Maurras, Georges Valois e Jacques Pierre Bainville, embora também em escritores como Albert de Mun e René de La Tour. Inspirava-se também em Afonso Pena, ex-presidente do Brasil, e adotava a divisa *Deus, Pátria, Liberdade e Família*. Acabaria por eliminar a liberdade da lista dos princípios inspiradores. Já então, o jovem Salazar lia e falava fluentemente francês, embora também tivesse estudado inglês e alemão.

Concluído o curso de direito em 1914, concorreu ao cargo de assistente com um trabalho intitulado "Questão cerealífera: o trigo". Seu objetivo era tornar-se professor do segundo grupo, de ciências econômicas, só que entretanto, depois da morte do seu professor Marnoco e Sousa, assumiu a regência da cadeira. Em 1917, realizou e superou a prova para se tornar assistente efetivo. Faltava-lhe o doutoramento, o grau principal da via acadêmica, mas em setembro de 1917 foi ainda assim nomeado pela faculdade professor ordinário por mérito, trabalho e currículo com outros colegas, dentre os quais António Carneiro Pacheco, que se tornaria ministro da Instrução Pública em 1936 e fundador da Mocidade Portuguesa, o equivalente aos Balilla italianos, a Juventude Fascista Italiana. Portanto, Salazar alcançou o grau acadêmico máximo aos 29 anos de idade.

No segundo congresso do Centro Católico, foi ele a declarar que não existia uma oposição inconciliável entre o regime republicano e os interesses fundamentais da Igreja católica. Isso porque o golpe de Estado de 5 de outubro de 1910, que depusera o rei Manuel II, atingiu em primeiro lugar a Igreja católica, com o saque dos locais de culto e os ataques aos religiosos. A 10 de outubro, o novo governo republicano decretou efetivamente que todos os conventos, todos os mosteiros e todas as instituições religiosas fossem abolidos: os religiosos seriam expulsos da República e seus bens, confiscados.

Os jesuítas viram-se obrigados a renunciar à cidadania portuguesa. Seguiu-se, em rápida sucessão, uma série de leis progressistas: a 3 de novembro foi legalizado o divórcio. Foram então aprovadas leis que legitimavam os filhos nascidos fora do casamento, que autorizavam a cremação, que secularizavam os cemitérios, que aboliam o ensino religioso na escola e que proibiam o uso da batina. Impuseram-se algumas restrições ao toque dos sinos e aos períodos de adoração, tendo sido abolida a celebração das festas populares. O governo interferiu também nos seminários, reservando-se o direito de nomear os professores e definir os programas. Essa longa série de normativas culminaria na Lei da Separação entre a Igreja e o Estado, aprovada em 20 de abril de 1911.

Entre as turbulências do início do século, quem tratou de pôr fim à Primeira República de 1910 foi uma parte do exército liderada por Sidónio Pais, que se revoltou contra o governo. Pais promoveu um golpe militar em 5 de dezembro de 1917 e assumiu o poder. O sidonismo, também conhecido como dezembrismo, suscitou forte interesse, pelos elementos de modernidade que continha. Mas Sidónio, no qual Salazar se inspirou sobremaneira, foi assassinado em 14 de dezembro de 1918. Nesse contexto, em 1919, Salazar e outros três professores da Faculdade de Direito (Carneiro Pacheco, Fezas Vital e Magalhães Collaço) foram suspensos, com a acusação de divulgação de propaganda monárquica. A querela terminou com sua reintegração, fortalecidos pela vitória sobre aqueles que consideravam "jacobinos intransigentes".

Nesse longo período de oscilações políticas, a República moribunda teve oito presidentes, 45 governos, um governo provisório, 38 primeiros-ministros e uma junta constitucional. O próprio Salazar foi eleito em 1921 para o Parlamento, como candidato católico. Quem poria travão a esse estado de incerteza seria o general Gomes da Costa, militar de grande prestígio, antigo combatente em África, comandante do Corpo Expedicionário Português em França durante a Primeira Guerra Mundial. Às quatro da manhã de 28 de maio de 1926, em Braga, tinha início uma nova revolução nacional, ordenada também ela pelo exército, e organizada também ela por subalternos, que levou à demissão do governo de António Maria da Silva e ao nascimento da Ditadura Nacional. As fotografias da época mostram um exército a marchar do Norte rumo à capital, composto por 25 mil soldados, quarenta generais, trezentos coronéis e 3500 capitães e tenentes.

Numa derradeira tentativa de salvar a República, procurou-se um compromisso entre os homens da ruptura e os conciliadores. Na reunião ocorrida na madrugada de 3 de junho, entre as três e as cinco da manhã, foi proposto um governo liderado pelo bigodado José Mendes Cabeçadas. O nome de António Salazar figura pela primeira vez na lista dos ministros. "Qual Salazar?", perguntou à mesa um chefe militar presente. O general Gomes da Costa, ideólogo da revolta, acabou no Ministério da Agricultura, sem deixar de ser a personagem fulcral da política lusitana. Entrevistado por António Ferro no *Diário de Notícias*, falou de "um tal Salazar de Coimbra". E perguntou ele próprio ao entrevistador: "Dizem que é muito bom. Conhece-o?". Foi Gomes da Costa, de resto, quem liderou a parada dos militares que no domingo, 6 de junho, entrou numa cidade que não saíra em defesa da República. O general ia montado no seu cavalo, com a espada desembainhada ao alto, seguido pelas tropas nortenhas que do Campo Grande passaram para o Campo Pequeno e, depois, para a avenida da República.

No meio da confusão entre militares e devido às divergências entre Gomes da Costa e Cabeçadas, os três professores de Coimbra que tinham sido nomeados ministros (além de Salazar, Manuel Rodrigues e Joaquim Mendes dos Remédios) declararam treze dias depois que não aceitavam os respectivos cargos. A viagem a Lisboa revelou-se inútil e, assim sendo, regressaram a Coimbra. O intolerante Gomes da Costa destronou Mendes Cabeçadas e tomou o poder assumindo a presidência do Conselho de Ministros, em 17 de junho de 1926, e também a presidência do Estado, a partir do dia 29. Todavia, sua passagem pelos dois cargos (apenas de 17 de junho a 9 de julho de 1926) foi ligeiramente menos transitória do que a do seu antecessor. Foi afastado pelo general António Óscar de Fragoso Carmona, o qual lhe propôs que assumisse apenas o cargo de presidente da República, mas ele recusou, tendo assim sido preso e deportado para os Açores. Regressou à pátria em setembro de 1927 e morreu três meses depois, pobre e desiludido, devido a uma insuficiência cardiorrenal. Em 16 de novembro de 1926, Carmona sucedeu ao general Gomes da Costa como presidente da República (cargo que conservaria até 1951, ano da sua morte) e presidente do Conselho. Manteve-se como primeiro-ministro até 18 de abril de 1928, quando cedeu o cargo ao coronel José Vicente de Freitas, que resistiu pouco mais de um ano.

Assim, após a alternância de 45 governos em dezesseis anos e outro par de breves golpes de Estado, a Primeira República caiu em 1926. Depois de ter sido indicado como ministro nesse ano, a opinião pública começou também a interessar-se por Salazar, como se comprova numa entrevista saída em junho de 1927 no *Diário de Notícias*, em que explicava os conteúdos do trabalho da Comissão da Reforma Tributária, da qual fazia parte e que o levava frequentes vezes à capital. O ano de 1927 foi terrível, com quatro golpes ou tentativas de golpe, um dos quais passou curiosamente à história como "Golpe dos Fifis" (dos nomes de Filomeno da Câmara e Fidelino de Figueiredo, juntamente com Morais Sarmento e David Neto). Desse caos só se saiu com uma certeza: o nascimento do partido único, a União Nacional, juntando todos os que apoiavam o novo poder ditatorial. Só após a consolidação da figura de Óscar Carmona, que se autoproclamou presidente da República, foi possível definir um quadro mais estável. Em 18 de abril de 1928, Vicente de Freitas formou o novo governo e tornou-se interinamente ministro das Finanças, enquanto aguardava resposta de Salazar, que chegaria dez dias depois, em 28 de abril de 1928: data da entrada oficial e permanente do professor de Coimbra na política lusitana, depois de muita hesitação e várias discussões com amigos íntimos, como Cerejeira, Barreto e de Figueiredo. O primeiro-ministro chegou a convidar Duarte Pacheco, ministro da Instrução Pública, para ir a Coimbra convencer o jovem professor católico a entrar para a equipa governativa: "Tu és o homem necessário", disse-lhe, e convenceu-o.

Mas Salazar não aceitou às cegas. Conhecia bem a situação das finanças do recém-nascido regime constitucional: recurso ao crédito para tapar buracos do orçamento estatal, défice estrutural, financiamentos para defender a moeda, empresas públicas à mercê dos partidos e dos militares, liberalismo desenfreado, despesas militares fora de controlo. Tratava-se do maior buraco financeiro do século. Suas condições foram peremptórias: controlo sobre as despesas de todos os ministérios, travão às novas despesas públicas, redução ou abolição dos regimes especiais, reforma do iníquo sistema fiscal, diminuição da burocracia. Em particular, pretendia reduzir a carga fiscal que incidia na agricultura em troca de um aumento dos impostos sobre as propriedades urbanas, com um recuo gradual do mercado livre.

Assim relatava o próprio homem do Vimieiro: "Hesitei a noite inteira, não sabia se devia aceitar as propostas que me fizeram. Senti-me tomado por uma profunda tristeza com a ideia de ter de abandonar minha cadeira de professor, ao mesmo tempo que não ignorava a perigosa distância que separava o homem de pensamento do homem de ação". Aceitou, portanto, como se fosse um sacrifício. Não tinha como saber que essa seria a via que o levaria a tornar-se um dos homens mais poderosos do planeta. Sobretudo, suas análises políticas tornaram-se o viático que haveria de conduzir ao Estado Novo: o declínio de Portugal devia-se a motivos políticos, coloniais, econômicos, financeiros e morais. O Estado tinha de ser o garante da reconversão de todos esses fatores. O fato de identificar uma possível redenção era já um sinal importante para um povo frustrado pelos golpes de Estado e para uma nação que levava anos a flutuar em plena crise, depois do ocaso da monarquia. Porém, para dar vida a esse renascimento, Salazar entendia que se deveria pôr fim à guerra entre facções típica da Primeira República. Assim, conquistou a confiança do exército e da marinha para suplantar a ditadura militar e criar a sua própria, o Estado Novo. O Ministério das Finanças voltou para as mãos de um político civil e Salazar ditou as condições da reforma financeira num famoso discurso proferido em 27 de abril de 1928.

Sua existência lisboeta replicou a coimbrã: pouca visibilidade, muito estudo, saúde precária, uma escrivaninha cheia de dossiês (à qual se sentava com uma manta pelas costas), uma criada, a do antigo convento da rua dos Grilos, onde também vivia Cerejeira, que veio de propósito da Cidade Universitária para organizar sua residência privada no número 3 da rua do Funchal. Entre 1928 e 1932, sua marcha rumo ao poder tornou-se inexorável, conseguindo superar a crise internacional de 1929. Obteve ainda o apoio dos poderes instalados e das grandes famílias preocupadas, em caso de falência do governo, com o regresso à instabilidade institucional e aos tumultos de rua com um possível crescimento do sindicalismo que estava a afirmar-se no resto da Europa. Comunismo, socialismo e anarquia tornavam-se palavras que não transmitiam senão medo às pessoas comuns. O presidente Carmona garantiu-lhe então o assentimento dos militares e da alta burguesia latifundiária e clerical. Foi praticamente benzido pela grande propriedade fundiária alentejana e ribatejana. Os conselheiros mais chegados eram seu mentor, Quirino de Jesus, ideólogo nacionalista e conspirador político de longa data, e Ezequiel de Campos, especialista econômico. O direito de veto sobre as despesas estatais ou sobre leis que pudessem dar azo ao aumento dos investimentos públicos tornava-o, de fato, o homem forte do regime. Cabia-lhe decidir os ambiciosos projetos infraestruturais e rodoviários, as obras de aprovisionamento hídrico e os restauros dos grandes monumentos nos quais o país era rico. O equilíbrio do orçamento foi garantido, tendo-se ido mais além, aliás, pois entrou em terreno positivo.

Numa economia altamente atrasada no plano industrial, dominada ainda pela agricultura, com uma larga margem de lucro para as grandes empresas que controlavam os mais importantes recursos da pátria e do ultramar, Salazar lançou o ideal corporativo, seguindo o modelo do fascismo italiano. Era um sistema medieval que garantia os privilégios de grupos restritos, o respeito pelas hierarquias e a ausência de solidariedade entre classes. Após a criação da União Nacional, partido único que se autodefinia como "associação de homens de boa vontade", foi instituído o Centro de Estudos Políticos e Sociais para elaborar o sistema corporativo, já praticado em Itália. A filosofia política de Salazar consentia o domínio ético e cultural do mundo agrícola sobre o urbano. Religião, política e costumes tradicionais refletiam-se também na educação escolar.

De forma atenta, Salazar nunca deixou de se correlacionar com os militares, que ainda determinavam a vida política de Portugal. Recorreu aos jovens oficiais e suboficiais, ao corporativismo militar, quando relançou a supremacia da potência colonial, a aversão à confusão dos movimentos políticos, a exaltação do férreo controlo militar nas colônias espalhadas pelos vários continentes. Uma espécie de autonomia, autoritarismo e sobriedade que os militares apreciaram. Seu primeiro interlocutor viria a ser Fernando dos Santos Costa, capitão que foi nomeado subsecretário de Estado da Guerra justamente para fazer a ligação com as patentes médias das Forças Armadas e que posteriormente chegaria a desempenhar os cargos de ministro da Guerra e ministro da Defesa Nacional. Os grupos que compunham a frente nacional estavam praticamente neutralizados: a direita republicana de Francisco da Cunha Leal, os integralistas, os nacional-sindicalistas com o apoio dos militares que viam em Salazar o homem capaz de criar um sólido lobby de Estado. Estavam consigo o presidente Carmona, republicano e maçom; o ministro do Interior Lopes Mateus, pai fundador da União Nacional; Marcelo Caetano, também ele integralista católico. As três componentes militares também se reviram naquele jovem professor chegado de Coimbra, teimoso embora anônimo, casto e nada mundano: a dos autoritários que apostavam no partido único; a republicana conservadora, tendente a modificar a Constituição de 1911 e voltar progressivamente ao regime constitucional; a que só ambicionava um Estado fascista e autoritário. Salazar tornou-se o estratega de um pragmatismo tático e realista de clara matriz nacionalista e soberanista.

Três dias depois de Domingos Oliveira, primeiro-ministro desde janeiro de 1930, ter anunciado no Conselho de Ministros de 24 de junho de 1932 sua decisão de se demitir, o presidente Carmona convocou o Conselho Político Nacional a Belém, propondo a Salazar a formação de um novo executivo. A 4 de julho, o homem do Vimieiro aceitou a incumbência na reunião do Conselho de Ministros. E a 5 de julho foi nomeado primeiro-ministro, mudando-se do Terreiro do Paço, sede do Ministério das Finanças, para São Bento. Na formação do seu primeiro executivo, Salazar mostrou-se também bastante equilibrado, integrando diversos técnicos e alguns expoentes republicanos e até progressistas, deixando efetivamente de fora a extrema direita. Não escondeu a necessidade de se submeter a uma longa aprendizagem política, uma vez assumido o cargo máximo do país. Moveu-se com destreza nesse caso também, pensando na elaboração de um programa global do qual se tornaria o elemento central. Partia das suas concepções pessoais: nacionalismo, intolerância a oposições, defesa das encíclicas de Leão XIII.

Para tornar mais plausível um futuro republicano em Portugal, surgiu a notícia do falecimento de d. Manuel II no exílio londrino em 3 de julho, com apenas 42 anos, sufocado por um aumento anormal das cordas vocais na laringe, ou seja, por um edema traqueal. O antigo monarca, que governara Portugal durante dois anos apenas, não deixou herdeiros diretos, embora tivesse declarado por escrito que a dinastia de Bragança só poderia ser considerada extinta com a morte do último herdeiro direto masculino de todos os ramos da família (incluindo também, portanto, a família imperial do Brasil, os Orleans e Bragança, os descendentes do duque de Loulé etc.). O movimento do Integralismo Lusitano aclamou Duarte Nuno, duque de Bragança, como rei de Portugal, segundo a linha hereditária que remontava a Miguel I de Portugal. Salazar agiu com circunspecção, autorizando o regresso à pátria da família Bragança, que tinha estado exilada e que fundou, com a venda das propriedades inglesas do antigo soberano e do resto dos seus bens, a Fundação da Casa de Bragança, respeitando o desejo do próprio rei d. Manuel de deixar sua fortuna pessoal ao povo português. Em todo caso, lendo os diários dos seus colaboradores mais próximos da época (Antero Leal Marques, chefe de gabinete das Finanças, José Nosolini e Mário de Figueiredo), Salazar não tinha nenhuma intenção de restaurar a monarquia, estando já traçado um destino republicano e conservador para o país lusitano e para suas enormes possessões. Pouco depois, em setembro, Salazar perdeu o pai, António, aos 93 anos de idade, acontecimento que o marcou.

Estado Novo

A ideia central de Salazar baseava-se no passado e no possível futuro de Portugal. Inspirando-se na sociedade medieval, que em Portugal era bem organizada, hierárquica e espiritual, o Estado Novo exaltava uma superioridade presumida, embora não real, do povo português, que colonizara a Rota das Especiarias. Logo, uma "Revolução Nacional" só de fachada que não mudou a mentalidade das pessoas nem levou à modernização, tendo apenas estabilizado o poder, entregando-o nas mãos das mesmas pessoas durante quase meio século. Para o ideólogo Quirino de Jesus, o Estado Novo constituiu "um conjunto de princípios de direito público, de política de base, de economia geral e de colonização portuguesa".

Com um moderno sentido de comunicação, Salazar sintetizou em dez pontos o manifesto político do Estado Novo, expondo-o em todas as praças das cidades e das aldeias. Salazar chamou o povo a um "ressurgimento nacional" baseado "nos melhores valores constitutivos da sociedade portuguesa", assentes no estudo, na obediência e na disciplina dos futuros chefes do governo. "Deus, Pátria e Família" foi a divisa escolhida para o renascimento do seu "fascismo sem farda", segundo a definição da imprensa internacional. O Estado era, portanto, apolítico e assentava-se na ordem, na obediência, na centralização do poder decisório, mas sobretudo no corporativismo, segundo o modelo do fascismo italiano. Para pôr em prática uma economia baseada na estabilidade, havia que impedir, antes de mais, as reivindicações dos trabalhadores e dos camponeses assalariados. O corporativismo, sempre de cunho medieval, praticamente eliminava os sindicatos, baseava-se em grupos restritos e privilegiados, reforçava o conceito de hierarquia e poder.

Com a nova Constituição de 1933, Portugal definia-se como "uma República corporativa", tendo, no seu vértice, o Conselho Corporativo e a Câmara Corporativa que representava as diversas categorias, compostos por sua vez pelos grêmios e pelos sindicatos. O objetivo era que os interesses dos patrões e dos trabalhadores convergissem, eliminando qualquer forma de luta. O Estado tinha, assim, o direito de usar todos os meios para forçar os "delinquentes a trabalhar". A Constituição proibia o direito de associação e a difusão de princípios contrários ao corporativismo. Alcançou-se em poucos anos o reequilíbrio do orçamento, Salazar fê-lo à custa dos trabalhadores, obrigados aos níveis salariais mais baixos da Europa. Donde a forte corrente migratória, sobretudo para França ou para o Brasil, que se verificou durante todo o longo túnel salazarista.

As receitas do Estado, portanto, não eram canalizadas para novos investimentos públicos nem para os serviços sociais, mas para um sistema de defesa que, entre 1935 e 1950, absorveu 40% da despesa pública. O exército tornou-se o aparelho mais bem financiado e pago. Para alcançar os postos mais elevados, era necessário passar uma longa e rigorosa seleção. Quem seguia essa carreira tinha forçosamente de se casar pela Igreja, com uma mulher católica. Para além do exército, também as forças policiais eram muito cobiçadas. Perfazendo um total de 35 mil pessoas, eram compostas pela PSP (Polícia de Segurança Pública), pela GNR (Guarda Nacional Republicana) e pela PIDE, a polícia secreta. Existia ainda uma espécie de falange, designada Legião Portuguesa, uma organização paramilitar para "defender o patrimônio espiritual de Portugal" e "combater a ameaça comunista e o anarquismo". No decurso da Segunda Guerra Mundial, foi a única organização do Estado a apoiar abertamente e a justificar o expansionismo de Hitler para o resto da Europa.

Depois das reformas dos anos 1930, o Estado Novo acabou por se tornar um sistema híbrido entre o corporativismo, o estatismo e um liberalismo condicionado que impedia o nascimento de novas indústrias ou companhias agrícolas, reduzia a inovação e a flexibilidade, transformava o Estado no árbitro dos diferendos sindicais. Porém, apesar da propaganda, o corporativismo, também devido à guerra, só entrou plenamente em funções nos anos 1950, sobretudo como forma de controlo social. Obviamente, Salazar pôs em prática seus estudos sobre o trigo, lançando uma campanha nacional (Campanha do Trigo) destinada a proteger os produtores de cereais perante a queda internacional dos preços. O protecionismo conseguiu salvar as pequenas empresas da concorrência externa, defender o país no período da depressão, estabilizar a moeda. No plano global, o PIB anual cresceu nas duas primeiras décadas salazaristas a uma média de 2,9% ao ano.

A defesa do direito de Portugal a manter suas colônias fez parte do consenso que o Estado Novo conquistou junto da elite lisboeta e colonial, que incluía empresários industriais e agrícolas, embora também governadores e militares. Os verdadeiros sobressaltos do tipo independentista só fomentavam, de fato, tumultos em Angola, onde os confrontos entre brancos e negros eram entretanto cotidianos; a Guiné Portuguesa e Timor baseavam-se numa arquitetura colonial antiga; a população de Goa trabalhava predominantemente na Índia; São Tomé e Príncipe tinha uma economia centrada no cacau; a população de Cabo Verde, reduzida à fome, viu-se obrigada a emigrar; Moçambique encontrava-se em condições de extremo atraso. Daí a decisão de se redigir o Ato Colonial, publicado a 9 de julho de 1930, escrito pelo próprio punho de Salazar, a par de Quirino de Jesus e Armindo Monteiro, docente universitário, empresário, advogado, jornalista, editorialista econômico do *Diário de Notícias*. As províncias ultramarinas tornaram-se colônias dirigidas por um governador, já não por um alto comissário. A economia das colônias devia ajudar a reequilibrar a balança de pagamentos da pátria, sobretudo com as moedas estrangeiras proveniente da exportação. As colônias deviam tornar-se "uma grande escola de nacionalismo português": a importância do chamado "lusotropicalismo" servia para aplacar as intenções independentistas e moldar um bastião de suposta harmonia multirracial, tal como vinha escrito no livrinho propagandista *Portugal, muitas raças, uma nação*. Havia o problema de fazer frente à expansão colonial italiana e alemã em África, mas Salazar, respaldado pelo aliado britânico, em particular por Churchill, nunca recuou nessa questão. E, em 1937, perante certos boatos que circulavam, declarou: "Não vendemos, não cedemos, não arrendamos, não partilhamos nossas colônias".

O modelo fascista

Em Mussolini, não apreciava a teatralidade, o diálogo direto com as massas, o populismo, a vontade de intervencionismo, o irredentismo e o expansionismo. Salazar tinha já um imenso império a preservar. Bastava-lhe. Apesar disso, estudou bem os princípios do fascismo e procurou os que mais conviriam ao modelo português: a saudação romana, a propaganda, a censura, a milícia popular, a atenção aos jovens, a economia corporativa, a abolição dos partidos. Em 1933, criou de propósito o Secretariado de Propaganda Nacional (SPN) para a divulgação dos princípios do Estado Novo, o qual seria dirigido até 1949 por António Ferro, intelectual de direita que provinha do modernismo, conhecera Fernando Pessoa e José de Almada-Negreiros e simpatizava com Mussolini. Todavia, Salazar acrescenta a partir dos anos 1940 o Secretariado Nacional de Informação, Cultura Popular e Turismo, envolvendo cinco organismos institucionais. A missão era a de restaurar a alma da pátria portuguesa e renovar a missão civilizadora do povo português no mundo, considerada uma tarefa divina. "Um povo pobre, mas orgulhoso da sua história", assim pensava Ferro. Aos horrores da guerra eram contrapostos os milagres portugueses, incluindo o milagre de Fátima.

O cinema acompanhou esse projeto de propaganda, com a produção de obras de apoio ao regime, como *Bocage* (1936), *Mocidade Portuguesa* (1937), *Inês de Castro* (1944) e *Camões* (1946), todas do realizador José Leitão de Barros, e *A Revolução de maio* (1937) e *Feitiço do Império* (1940), de António Lopes Ribeiro. Para facilitar o conhecimento do novo meio de comunicação, é criado em 1937 o cinema ambulante, que apresentava obras caras ao regime nas praças das aldeias do interior. Só no primeiro ano foram organizados 127 serões, alguns dos quais dedicados às crianças. Foram produzidos cinquenta documentários centrados na explicação do Estado Novo, nos membros da União Nacional e nos organismos corporativos locais.

O SPN promoveu ainda, com o intuito de resgatar a identidade lusitana, uma competição folclórica entre centros agrícolas chamada "A aldeia mais portuguesa de Portugal" e o Teatro do Povo Itinerante, com fins educativos.

À Juventude Fascista Italiana correspondia a Mocidade Portuguesa, criada em 1936 com o objetivo de doutrinar a juventude nos princípios do Estado Novo. Era uma instituição obrigatória para as crianças e os jovens, escolarizados ou não, dos sete aos 25 anos, para a formação física, a devoção à pátria, o sentido da ordem e da disciplina, o culto dos deveres morais, civis e militares e do chefe absoluto do Estado. A Mocidade contava com um hino escrito por Mário Beirão e uma bandeira de d. João I; utilizava a saudação romana e subordinava-se a uma hierarquia "patriótica solidária". Os aderentes dividiam-se em quatro categorias: lusitos (7-10 anos), infantes (10-14), vanguardistas (14-17) e cadetes (17-25). No ano seguinte, foi também criada uma seção feminina. O projeto de implantar a Mocidade Portuguesa no interior das universidades foi um rotundo fracasso, pela irrequietude estudantil que se fez sentir logo depois do fim do segundo conflito mundial. O Decreto-Lei nº 171 de 1974 — um dos primeiros da Junta de Salvação Nacional pós-revolucionária — aboliu a Mocidade Portuguesa.

No lugar da Milícia Voluntária para a Segurança Nacional, força armada da Itália fascista, Portugal institui em 1936 a Legião Portuguesa, com o objetivo, como já vimos, de "defender o patrimônio espiritual de Portugal", embora não tenha deixado de se inspirar nos princípios do nazismo. A Legião Portuguesa estava sob a alçada direta dos Ministérios do Interior e da Guerra e era responsável pela defesa civil, tanto em Portugal como nos territórios do Império português: como tal, acabou por colaborar com frequência com a PIDE, sobretudo nos anos 1950 e 1960. Sua sede ficava no Bairro Alto, no prédio que outrora albergava o Grande Oriente Lusitano, expropriado em 1935, por via da lei que ilegalizava as sociedades secretas. Contava com uma junta central, um comando-geral, dividia-se territorialmente em distritos e, além da força terrestre, possuía uma brigada naval e outra automóvel. Seus membros também praticavam a saudação romana, vestiam-se de verde, encarregavam-se de informações, transmissões e saúde. As instruções aos legionários eram fornecidas por oficiais do exército.

Frente interna

Já muito se discutiu sobre se Salazar não terá sido o mal menor entre as grandes ditaduras da época, de Hitler a Stálin, de Mussolini a Franco. Uma famosa cançoneta da Primavera de

1939, cantada por rapazes da Juventude Fascista Italiana, dizia assim: "Mussolini, Hitler, Franco,/ três chefes uma determinação,/ marcharão sempre a par/ para salvar a civilização". É de nos interrogarmos por que o homem do Vimieiro nunca era citado ou lembrado pelos instrutores vestidos de lã preta que comandavam os exércitos dos jovens fascistas. A invisibilidade de que gozava Salazar tornou-se sua chave de governo, não só de um Estado, mas também de um império. Não tinha necessidade de conquistar países e territórios, já os herdara em número suficiente. Com imperceptível tato, venceu o primeiro congresso da União Nacional em 1935, cujos princípios não eram, contudo, diferentes dos de outros ditadores: nacionalismo, corporativismo, Estado forte, intervencionismo econômico-social, imperialismo colonialista. Como uma fina sombra, a União Nacional apoderou-se de todos os centros de poder, pôs a polícia política a funcionar, definiu as missões do domínio colonial português, publicou o novo estatuto do trabalho nacional e eliminou toda a oposição, obrigando o Partido Comunista Português (PCP) e outras forças antifascistas à clandestinidade.

O sacrifício maior calhou justamente aos comunistas: em 1935, foi detido Bento António Gonçalves, secretário-geral desde 1929, que já duas vezes antes passara pela prisão. No regresso do VII Congresso da Internacional Comunista, a polícia política travou Gonçalves e outros dois membros do secretariado do PCP, José de Sousa e Júlio Fogaça. Enviado para o campo de concentração do Tarrafal, em Cabo Verde, Bento António Gonçalves aí morreu em 11 de setembro de 1942. Para o substituir no terreno, Francisco de Paula Oliveira, que representava o PCP no seio do Comitê Executivo da Internacional Comunista, foi enviado de Moscou. Voltou a Portugal em janeiro de 1927, juntamente com Álvaro Cunhal. Sua clandestinidade interna pouco durou, pois foi preso em 1928, embora tenha conseguido fugir e refugiar-se, primeiro em Paris e depois novamente em Moscou. Parou nesse período a publicação clandestina do jornal *Avante!*, órgão oficial do PCP. Tiveram o mesmo destino os dirigentes da Confederação Geral do Trabalho, desde logo o sindicalista anarquista Mário Castelhano, inicialmente enviado para a Fortaleza de São João Baptista, em Angra do Heroísmo, nos Açores, e depois também ele despachado para a umidade do Tarrafal, onde faleceu em 12 de outubro de 1940. Alguns deles tentaram a fuga, mas foram novamente detidos e encarcerados. Esvaiu-se assim na prisão a resistência sindical da esquerda portuguesa.

Sobrevivente a três atentados

Apesar da terminante vontade de não aparecer em público, Salazar foi alvo de três atentados. O primeiro aconteceu em 1937, em plena guerra de Espanha. Domingo, 4 de julho, 10h20, rua Barbosa du Bocage, Lisboa: Salazar preparava-se para sair do seu Buick à porta da casa do amigo Josué Trocado, em cuja capela privada costumava assistir à missa. De repente, ouviu-se na rua uma enorme deflagração, com pedras e azulejos a voar, uma fumarada, uma cratera aberta no empedrado a apenas três metros do automóvel do líder político, gente a fugir para todos os lados, crianças aos gritos. Trocado precipitou-se para o automóvel do presidente do Conselho, que estava ileso, abalado, embora sem nenhum ferimento, e saiu sozinho do Buick a exclamar: "Vamos assistir à missa".

A polícia encetou uma caça ao homem com um único objetivo: encontrar a todo custo os responsáveis. Os holofotes recaíram sobre um misterioso grupo terrorista do Alto do Pina, mas o que se delineou foi uma ligação ao que se passava na vizinha Espanha e, em particular, o papel dos anarquistas no atentado. Os jornais recolheram os testemunhos dos presentes.

Nasceu assim a definição do "Milagre das Rosas" ou "O Dia de Santa Isabel". O homem político sofreu durante sua longa carreira mais dois atentados, mas, como sabemos, só seria derrubado por uma inofensiva cadeira.

O labirinto ibérico

A Guerra Civil Espanhola ameaçou contaminar o vizinho Portugal também. Em 8 de setembro de 1936, Lisboa foi palco da Revolta dos Marinheiros, lançada pela Organização Revolucionária da Armada, criada em 1932 como costela do PCP no interior da marinha militar. A sublevação contra o regime totalitário envolveu as tripulações dos navios *Dão*, *Afonso de Albuquerque* e *Bartolomeu Dias*, que lançaram um ultimato ao governo para a libertação dos presos políticos e o fim das perseguições na armada. Salazar respondeu com o envio da força aérea. Seguiu-se uma batalha e, no fim, a revolta foi reprimida, com dez marinheiros mortos, centenas de presos e expulsões da marinha por causa de ideias subversivas. Cerca de oitenta marinheiros foram condenados a pesadas penas de prisão. Trinta deles acabaram a apodrecer na colônia penal do Tarrafal.

A radicalização do conflito levou o ditador a distanciar-se consideravelmente do governo republicano espanhol, até a ruptura das relações diplomáticas em 23 de outubro de 1936. Era evidente que a Revolta dos Marinheiros podia contagiar o segundo país da península Ibérica. Empurrado por França e pela Grã-Bretanha para uma neutralidade na Guerra Civil Espanhola, Salazar reagiu à sua maneira, ou seja, não impedindo o apoio aos nacionalistas de Franco. Jorge Botelho Moniz, proprietário do Rádio Clube Português, fundado em 1931, e amigo pessoal do primeiro-ministro, organizou a constituição de um corpo expedicionário português chamado Os Viriatos, em honra do chefe lusitano Viriato. Em 28 de agosto de

1936, no Campo Pequeno, teve lugar uma grande concentração anticomunista na qual Botelho Moniz exaltou "o início da guerra santa". Ao apelo de recrutamento responderam 8 mil homens, que constituíram o corpo militar da Legião Portuguesa, 869 dos quais já serviam na Legião espanhola. O Rádio Clube Português tornou-se uma das fontes oficiais mais ativas da propaganda de Franco, apesar dos protestos do embaixador espanhol em Lisboa, Claudio Sánchez-Albornoz. Marisabel de la Torre era a voz radiofônica que acompanhava o avanço franquista rumo a Madri e Barcelona. A emissora sofreu um atentado em 20 de janeiro de 1937. A rádio nacional, por sua vez, fomentava publicamente o "perigo vermelho em Espanha" e convidava a apoiar os falangistas que se batiam pela "civilização cristã ocidental". O governo insurrecional franquista foi reconhecido por Lisboa em 28 de abril de 1938. O papel dos Viriatos foi consolidado por três grupos aeronáuticos portugueses. Segundo dados facultados pelo historiador britânico Antony Beevor, foram no total 12 mil os portugueses que participaram na guerra civil espanhola, entre as fileiras dos Viriatos.

Na opinião dos historiadores portugueses, as manobras de Salazar na guerra de Espanha tiveram o mérito de "preservar os dois Estados ibéricos como realidades autônomas", "assegurar a sobrevivência do regime", "manter a aliança atlântica com a Grã-Bretanha". Foi uma espécie de *terceira via*, explicitada num famoso discurso, de 28 de abril de 1938 na Assembleia Nacional, em que se atribuía plena legitimidade ao governo franquista. A linha prioritária era, na verdade, a de afastar de Madri a sombra de Stálin, que se tornara dominante quando os republicanos ocupavam a maior parte da fronteira. Porém, o equilíbrio demonstrado permitia que Salazar também levasse para casa uma declarada autonomia portuguesa que podia ser ameaçada tanto pela ideia do federalismo ibérico própria das forças progressistas espanholas, como pelas miras

expansionistas do imperialismo militar castelhano, encoraja-
das pela direita conservadora. Assim, o ditador de Lisboa sol-
tou um suspiro de alívio quando Franco, no dia 1º de abril de
1939, anunciou "o desarmamento do exército vermelho".

Salazar e Franco, amigos à força

Se os virmos agora, em filmagens da época ou em fotografias, parecem uma dupla de cinema, como era moda nos anos
1950, o bonito e o feio, o alto e o baixo, o inteligente e o imbe-
cil, o gordo e o magro. António Salazar envergava fatos à inglesa, usava gravata ou laço, chapéu de abas levantadas, tinha
um olhar altivo e lábios finos. Francisco Franco era mais baixo,
gorducho, usava sobretudos militares pesadões e fardas com
galhardetes e medalhas ao peito, tinha a cabeça redonda, um
bigode fino e a voz aguda. O primeiro era erudito, professor
universitário, ex-seminarista; o segundo tinha sido um aluno
medíocre e possuía uma mentalidade militar. O primeiro tinha o hábito de dizer piadas à inglesa, com certa frieza e acuti-
lância; ao segundo faltava por inteiro a ironia. Contudo, apesar
das muitas diferenças, tinham pontos em comum: a fé católica, a desconfiança em relação à democracia, o desconheci-
mento do mundo exterior, o ódio às viagens e a fobia de andar
de avião, caminhos para o poder percorridos desde posições
periféricas. Salazar tirara partido da incerteza em torno da recém-nascida República, que gerara 45 governos em dezesseis
anos e vários golpes de Estado, para se afirmar inicialmente
como ministro e depois como chefe do governo, garante dos
militares. Franco tinha poucos amigos, era solitário e silencioso, estava habituado ao clima de traição do Terço, a legião
estrangeira espanhola, onde adquirira uma grande astúcia militar, chegando a general com apenas 32 anos. Só aderiu ao *al-
zamiento* nas últimas horas, não figurando sequer no elenco da

Junta de Defesa Nacional. Auxiliado pela *baraka*, foi assistindo aos poucos à queda daqueles que o precediam na corrida à cúpula dos nacionalistas. Em particular, devia ter ocupado seu lugar o general José Sanjurjo, falecido num desastre de avião no Estoril quando regressava à pátria, e depois o general Emilio Mola, que morreria, também ele, num acidente aéreo, oficialmente por causa do mau tempo. Porém, sempre pairou sobre ambos os episódios a sombra da desconfiança de sabotagem ou atentado.

Franco não podia esquecer a ajuda portuguesa na guerra de Espanha, proporcionada aos revoltosos pela Legião Portuguesa, formada por voluntários, a ruptura diplomática de Lisboa com o governo republicano de Madri, proclamada em 23 de outubro de 1936, o reconhecimento informal da autoridade de Franco e o envio de Pedro Teotónio Pereira para o quartel- -general dos revoltosos em janeiro de 1938. Em sentido contrário, dirigiu-se a Lisboa o irmão do Generalíssimo, Nicolás Franco Bahamonde, grande artífice da aliança ibérica.

Ambas as personagens se sentiam investidas de um papel superior que impedia o alastramento do caos e da ruína por via do combate ao extremismo e ao comunismo. Não por acaso, Franco deu ouvidos ao conselho de Salazar para que se mantivesse distante de uma participação no segundo conflito mundial. A escolha permitiu que os dois ditadores morressem nas suas respectivas camas, ao contrário de Adolf Hitler, que se suicidou no bunker de Berlim, e de Benito Mussolini, fuzilado em Dongo e exibido de cabeça para baixo no Piazzale Loreto, em Milão. Salazar e Franco eram duas personagens repletas de ambiguidades: tinham como traço comum o desejo de apresentarem a face limpa, escondendo a repressão dos seus regimes. Respeitaram-se, de fato, ainda que nunca se tenham tornado verdadeiros amigos e nunca tenham manifestado abertamente simpatia um pelo outro. Sabe-se que Franco preferia dialogar com os vários presidentes da República portuguesa, militares como ele, António Óscar Carmona, Craveiro Lopes e sobretudo Américo Tomás. No fundo, sentia-se distante daquele professorzinho que detinha o poder com obstinação e agudeza, casto e pouco mundano, embora capaz de, ainda assim, conservar um grande império na época da descolonização. Trocaram informações com frequência sobre métodos e princípios dos respectivos sistemas ditatoriais assentes no absolutismo, nas liberdades condicionadas, na crueldade para com os opositores, na tortura, no obscurantismo religioso e no desejo de isolamento. Se o militarismo falangista espanhol podia constituir um problema, com eventuais ideias de federalismo ibérico ou anexação, Salazar manteve-o debaixo do olho cobrindo as costas com a férrea aliança britânica, de pé desde 1373, que o Generalíssimo receava. As extensas fronteiras entre Portugal e Espanha representavam efetivamente um problema para o "Caudillo de España": os britânicos poderiam aproveitar sua ligação com Lisboa para assumir o controlo da península Ibérica e tentar a partir dela a invasão do vasto território ocupado por Hitler e Mussolini. O mesmo valia para as costas do Sul de Portugal, porta de entrada no Mediterrâneo, zona onde os ingleses já possuíam o rochedo estratégico de Gibraltar. Porém, também Salazar podia recear a entrada dos nazis em Espanha, expandindo-se porventura até Portugal, para atacarem o Norte de África. Daí a linha de prudência desenhada por Salazar que levou à neutralidade dos dois países ditatoriais, para além da aceitação espanhola da concessão da base militar das Lajes, na ilha de Santa Maria, nos Açores, aos americanos, que, no fundo, não beliscava a não beligerância da península Ibérica. A política anticomunista de Franco também funcionou como salvo-conduto aos olhos de Churchill, que tolerou as simpatias nazis do Caudillo. O Pacto Ibérico de 1942 ratificou, por fim, todos os passos conducentes ao respeito entre as partes, a Segunda República Espanhola e o Estado Novo salazarista, dois regimes absolutos que necessitavam de boa vizinhança. Tendo superado incólumes as insídias da guerra, as relações entre os dois ditadores pacificaram-se.

Ambos os regimes enfrentaram o problema da criação de uma elite política. Salazar elevou à classe dirigente os técnicos provenientes do mundo universitário, os melhores pensadores do Norte do país, os representantes do conservadorismo católico e monárquico, e os militares, embora tivesse mantido substancialmente nas suas mãos grande parte das decisões, eliminando as reuniões do Conselho de Ministros, para passar a diálogos pessoais e diretos com os diversos responsáveis pelas pastas. Franco revelou-se menos centralizado nas decisões, e era um militar mal adaptado à gestão da coisa pública. Competiam-lhe as escolhas cruciais em relação às Forças Armadas, à defesa, à segurança interna e à política externa, mas conferia aos ministros e técnicos de outros setores uma larga autonomia, ainda que subordinada à sua última palavra. Franco depositou grande confiança nos jovens, selecionando-os entre as organizações fascistas e conservadoras, e relançou a aristocracia urbana e rural que com Salazar, pelo contrário, sofreu um substancial declínio. O Caudillo contou pouquíssimo com os professores universitários, preferindo os advogados para quase metade dos ministérios, os representantes do Opus Dei e os militares. A classe política atingia cotas de 40%, sendo o remanescente militares ou técnicos. Representavam esse "bloco nacional" que empurrara os militares para a guerra civil, como por exemplo a Falange, que ocupava 66% dos cargos dirigentes do partido franquista, a Falange Española Tradicionalista y de las JONS. Salazar pescava na União Nacional, sua criação política do Estado Novo que gozava do monopólio da representação política nas instituições. Era a porta de entrada para qualquer carreira política que se pudesse imaginar no túnel da ditadura salazarista.

Ao todo, Franco e Salazar tiveram sete encontros diretos: no Alcázar de Sevilha, em 1942, em plena guerra; em Lisboa, em outubro de 1949, com a visita oficial de Estado do Caudillo; no Pazo de Meirás, na Galiza, residência de verão do líder espanhol, com uma breve excursão ao Porto, em setembro de 1950; duas cimeiras em Ciudad Rodrigo, em abril de 1952 e julho de 1957, com um breve salto a Braga, Porto e Guimarães, a última vez que o ditador espanhol pôs os pés fora de Espanha; outras duas em Mérida, em junho de 1960 e em maio de 1963, esta última ofuscada pelo homicídio de Humberto Delgado. Curiosamente, o ditador português nunca visitou Madri e, em 1943, dirigiu-se a Ciudad Rodrigo para um encontro com o ministro dos Negócios Estrangeiros espanhol, Francisco Gómez Jordana. Muito próxima foi, pelo contrário, a relação que Franco manteve com os três diferentes presidentes da República portuguesa, enviados mais vezes a Espanha, embora fossem figuras decorativas do salazarismo. Carmona, Lopes e Tomás participavam também nas batidas de caça organizadas pelo Caudillo.

Para Salazar, os encontros com Franco eram as únicas exceções que abria na sua aversão às viagens, dado que nunca visitou como chefe do governo suas imensas possessões coloniais. O Caudillo também era avesso a deslocações, sobretudo de avião, depois da viagem no *Dragon Rapide* entre Las Palmas, Casablanca e Tétouan, tendo presente o que acontecera a insignes colegas seus, como Sanjurjo e Mola. O ditador português tinha particular predileção por dois lugares: sua quinta no Vimieiro e o Forte de Santo António da Barra, no Estoril, onde passava os verões; o Caudillo só deixava o Pardo para alguma inauguração, batida de caça, manobra militar ou férias a bordo do *Azor*, seu iate provido de todos os confortos. Sua residência estival era o Pazo de Meirás, um edifício construído pela escritora Emilia Pardo Bazán entre os finais do século XIX e o início do século XX, adquirido através de doações públicas em 1938 durante a Guerra Civil Espanhola e, desde 1941, posto à disposição do Caudillo. Como militar, realizou visitas a academias militares em França, Alemanha e Inglaterra e, como chefe de Estado, só saiu do país por três vezes, acompanhado por incontáveis guarda-costas. Sua viagem mais conhecida desenrolou-se três quilômetros para lá da fronteira espanhola, até a estação ferroviária de Hendaia, para se encontrar com Hitler, na tarde de 23 de outubro de 1940, um ano e meio depois do fim da Guerra Civil e um ano depois do início da Segunda Guerra Mundial. Chegado de comboio a San Sebastián com um atraso de oito minutos, percorreu poucos metros no território ocupado pelos nazis, justamente o da plataforma que dividia as duas linhas, para entrar na sala do luxuoso comboio de Hitler. Nas nove horas de encontro, das quatro menos um quarto até para lá da meia-noite, com a interrupção para o jantar, Hitler tentou convencer Franco a entrar na guerra ao seu lado, mas este respondeu, com astúcia galega, que haveria de o fazer, porém mais à frente no tempo. Hitler pediu aos espanhóis que atacassem Gibraltar, base de entrada no Mediterrâneo, ou que permitissem que as tropas alemãs entrassem em território ibérico para cercarem a colônia britânica. Porém, o Führer acabaria por considerar a negociação uma espécie de "comércio de gado", e partiu com a certeza de que não obteria nada de Madri. Quatro meses depois, a 11 de fevereiro de 1941, Franco fez uma viagem de carro de mais de mil quilômetros até Bordighera, na costa da Ligúria, doze quilômetros para lá da fronteira entre a França de Pétain e a Itália fascista, deixando Madri nas mãos de três dos seus generais de confiança, Varela, Vigón e Bilbao. Dormiu em Girona, atravessou a fronteira com França em Portbou, passou rapidamente pela costa mediterrânica parando apenas para pôr gasolina, escoltado pela polícia francesa. No dia 12 de fevereiro, Bordighera era, toda ela, um esvoaçar de estandartes italianos e espanhóis, embandeirando-a inscrições de "Arriba España" e "Viva el Caudillo". A vila costeira estava a abarrotar de pessoas que acompanhavam a passagem dos carros rumo à residência de Villa Regina Margherita, onde se instalou o quartel-general de Franco. Em diversas ocasiões, os dois ditadores deixaram que a multidão os aclamasse fardados: farda militar para o Caudillo, farda fascista para o Duce. Os altifalantes iam difundindo os hinos nacionais, mas também os do partido fascista italiano e da Falange. O Duce tentou convencer Franco a entrar no Eixo, mas nem aí o Caudillo se deixou encantar pelas sereias nazifascistas. Após dois encontros oficiais entre as delegações, às oito da manhã de 13 de fevereiro, o cortejo de carros espanhóis arrancou rumo à França e, escondendo sempre os planos previstos, chegou a Montpellier à uma da tarde. À espera de Franco estava seu velho amigo Philippe Pétain, presidente da França de Vichy, numa praça apinhada de gente. Os dois tinham se conhecido em África e reencontrado em Burgos, onde Pétain era embaixador francês no governo falangista. Almoçaram juntos na sede da câmara municipal, assomaram às três da tarde à varanda adornada com uma bandeira espanhola e foram saudados pela multidão.

Se os encontros com Hitler e Mussolini mantiveram Espanha à margem da guerra, o mérito vai para a prudência de Salazar, que considerava o isolamento em que tinham caído os dois regimes da península Ibérica um recurso. Assim, Franco e Salazar, mesmo sem grande consideração um pelo outro, urdiram uma complicada trama de ajuda recíproca, ratificada por várias cimeiras oficiais no decurso da sua longa administração do poder. O rendez-vous de Sevilha ratificou o pacto de não beligerância; o de Lisboa legitimou Franco como chefe de Estado; os encontros dos anos 1950 geraram uma superioridade portuguesa, como membro fundador da Otan, ainda que não tivesse conseguido que Espanha entrasse nesse organismo; os dos anos 1960 serviram para que Portugal obtivesse o apoio espanhol para a tentativa de conservação do seu império colonial. Não por acaso, com o desencadear da guerra em Angola, a condenação da ONU e o embargo de vários países, Franco ofereceu apoio logístico aos portugueses na base de Las Palmas e através da venda de armamento. Além dos atos oficiais, não se conhece o verdadeiro tom que os dois ditadores terão usado nos encontros. Embora Salazar tivesse o hábito de registar todas as suas conversas importantes, não existem vestígios nos seus documentos dos diálogos com Franco. Ao mesmo tempo, o Caudillo exaltava imenso sua imagem pública, estendendo um véu sobre as relações pessoais. Sendo o português austero e o espanhol mundano, faziam em todo caso questão de transmitir a ideia de uma compreensão mútua, para lá dos respectivos cálculos políticos e das conveniências. Logo na primeira abordagem, durante a guerra, Salazar demonstrou uma grande dose de discrição: ao entrar em Espanha pelo posto fronteiriço de Badajoz, foi recebido pelo então influente cunhado de Franco, o ministro Ramón Serrano Suñer, e por Teotónio Pereira, que, tal como Nicolás Franco, tinha sido promovido ao posto de embaixador, depois de mais de dois anos como representante não oficial junto do recém-nascido governo nacionalista. O cortejo deslocou-se sem que as pessoas estivessem a par de quem ia desfilando naquela longa caravana de carros que atravessou ruas vigiadas e protegidas pela Guardia Civil. A visita do primeiro-ministro português durou apenas 24 horas, num clima de secretismo e austeridade, típico dos dois ditadores e que caracterizou os diálogos no interior do Alcazar. Nenhum teceu comentários sobre o outro, nem sequer de forma privada, com colaboradores e ministros.

Puseram em primeiro plano a necessidade de estabilização das relações peninsulares num período tão funesto para o continente europeu, um entendimento que haveria de levar à assinatura do famoso Pacto Ibérico, objeto de posteriores negociações, ratificado em Lisboa por Salazar, na qualidade de ministro dos Negócios Estrangeiros, e pelo novo ministro dos Negócios Estrangeiros espanhol, Francisco Gómez Jordana. O pacto, válido por dez anos, prorrogável, manteria-se em vigor até a Revolução dos Cravos de abril de 1974. Pela sua parte, Salazar tinha atrás de si um regime mais sólido, uma vez que não nascera de uma guerra civil como em Espanha, nem por sucessivas vinganças e crueldades, tendo se consolidado com os princípios constitucionais do Estado Novo de 1933. Daí que Franco tivesse optado por aceitar a interlocução permanente com Salazar, que também se gabava da aliança britânica.

A visita oficial de Estado de 1949, em Lisboa, foi fundamental. Como noutras deslocações, o Caudillo exigiu todas as precauções possíveis: mandou à frente a mulher, Carmen Polo, que chegaria à capital lusitana num comboio especial na sexta-feira. Franco realizou a viagem de carro até Vigo, onde subiu a bordo do barco de cruzeiro da Marinha *Miguel de Cervantes*, o qual ancorou no Tejo no sábado, 23 de outubro, mesmo em frente à praça do Comércio, onde se alinhavam os melhores batalhões do exército lusitano, os aviões riscavam os céus e os perfis dos navios se distinguiam no rio. Mais de 10 mil pessoas se reuniram para dar as boas-vindas ao Caudillo, que desceria de uma lança com farda militar e capacete com penacho na cabeça, e seria saudado pelo presidente da República portuguesa, António Óscar Carmona, e por António Salazar. Após o desfile das unidades militares diante do estrado, o cortejo com os dois homens de Estado, escoltado por numerosos jipes, subiu a rua Augusta e a avenida da Liberdade rumo ao palácio presidencial de Belém, para a recepção oficial e os encontros das numerosas delegações. Depois, o casal espanhol rumou ao Palácio de Queluz, onde recebeu vários presentes. Seguiram-se visitas a Mafra, para assistir a exercícios militares, e a Coimbra, para receber o doutoramento *honoris causa* proposto pela histórica Faculdade de Direito. Em ambas as ocasiões, Franco fez um discurso a exaltar a batalha contra o comunismo, causa e origem de todos os males do mundo. O último dia de estada em Portugal foi dedicado à visita ao santuário de Fátima, também a bordo de um carro acompanhado por um longo cortejo saudado pela multidão. A imagem da Virgem de Fátima tinha sido, aliás, exibida meses antes em Espanha, como primeira etapa de uma peregrinação por mais de sessenta países. A família Franco rezou no local da aparição, "inclinando a testa diante da estátua da Virgem", tal como relata um amplo suplemento especial da revista *Mundo Hispánico*. No caminho de regresso, o cortejo presidencial fez uma paragem no imponente Mosteiro da Batalha, símbolo da histórica vitória portuguesa na Batalha de Aljubarrota, no século XIV. Franco acabaria por ficar cinco dias em Portugal, sempre acompanhado por Carmona. Além das paradas oficiais, não saiu grande coisa das conversas de análise das questões bilaterais entre os ditadores. Superando até o diferente enquadramento institucional — Franco era chefe de Estado e Salazar chefe do governo —, o professor do Vimieiro escudou-se certamente na adesão de Portugal aos novos organismos internacionais para suster o espírito imperialista dos falangistas. Parece que Franco, refreando seus tradicionais excessos verbais, sossegou o aliado a respeito das supostas pretensões expansionistas dos falangistas.

Por outro lado, Franco mostrou-se preocupado com a presença do conde de Barcelona no Estoril e circularam boatos de que pediu um controlo mais apertado do pretendente ao trono espanhol. Não por acaso, uma vez abertos os arquivos da PIDE, descobriu-se que um colaborador de confiança de d. Juan de Borbón comunicava todos os seus movimentos, encontros e intenções à PIDE, que os transmitia ao Pardo.

A imprensa portuguesa e espanhola, que só teve acesso às fontes institucionais, deu ênfase ao acontecimento, selado com a homenagem popular de milhares e milhares de portugueses durante toda a visita. De certa forma, portugueses e espanhóis sentiram-se alentados pelo fato de terem evitado as tragédias de uma guerra que destruíra o continente inteiro, ainda que os indicadores econômicos do pós-guerra fossem deveras fracos tanto para Portugal como para Espanha. Com a eclosão das guerras coloniais, Portugal sofreu um isolamento que só Espanha remediaria. Mas Lisboa digeriu mal a concessão da independência à Guiné Equatorial atribuída por Madri em 1968. Salazar e Franco intuíram pragmaticamente que a sobrevivência dos seus regimes, cada vez mais isolados, assentava em larga medida na relação de interdependência, superando antigos rancores e reivindicações. Uma estratégia que vinculou o destino do regime de Salazar ao de Franco até ao fim da noite ditatorial dos dois países e à sua integração na Europa unida.

A montra colonial

Em toda a Europa, reinava uma efervescência bélica: a Alemanha anexara a Áustria, invadira a Polónia, a Boêmia e a Morávia, os nazis e os soviéticos tinham já repartido a Europa de Leste em duas zonas de influência, a Itália invadira a Albânia; a URSS, a Finlândia. Em junho de 1940, os nazis tinham entrado na Dinamarca e na Noruega. Depois da conquista do Luxemburgo, da Bélgica e dos Países Baixos, assinava-se, a 22 de junho, o armistício com França, que cedia a parte setentrional do seu território.

No dia seguinte, debaixo de um belo sol que invadia a cidade ocre e com o ar fresco do Tejo que subia do Atlântico, era inaugurada em Lisboa a Exposição do Mundo Português. O contraste com o resto do continente era evidente e palpável. As datas comemorativas eram emblemáticas: 1140-1940, oito séculos de independência nacional. Tinha sido atribuída ao arquiteto modernista José Ângelo Cottinelli Telmo a tarefa de consolidar o sistema ideológico do Estado Novo, fundindo a identidade resultante das descobertas geográficas do império e a estrutura agrícola do país. Cottinelli Telmo coordenara uma equipa de uma dúzia de arquitetos, uma vintena de escultores, meia centena de pintores, além de gráficos e desenhadores, para demonstrar a continuidade do projeto português entre o modernismo e a tradição.

A exposição deu azo a uma substancial definição urbanística do oeste da capital, do Tejo ao Mosteiro dos Jerónimos: diante do Monumento aos Descobrimentos, edificado em madeira e transformado em mármore em 1960, surgia a grande praça do Império, com uma torre de dezenove metros para a qual abriam os edifícios visitáveis pelo público. Alguns deles chegaram aos nossos dias, como os que acolhem o Museu de Arte Popular e o Espelho d'Água. O resto foi demolido no final da exposição, uma vez que se tratava de material pré-fabricado.

Um raro documentário de António Lopes Ribeiro, que se pode encontrar hoje na internet, guia-nos pelos diversos pavilhões expositivos. O Pavilhão dos Portugueses no Mundo ilustrava a conquista do desconhecido, da escola do infante d. Henrique à concepção da rota oceânica até à Índia, dos grandes navegadores, como Vasco da Gama, Afonso de Albuquerque, Pedro Álvares Cabral e Fernão de Magalhães, aos assentamentos portugueses nos pontos nevrálgicos marítimos do planeta. No interior do pavilhão, cada seção compreendia obras originais, estátuas, mapas, documentos acompanhados de ilustrações, desenhos e modelos, numa mistura documentativa da grande história portuguesa. O testemunho artístico da civilização cristã representava a afirmação histórica do Estado Novo. A entrada principal ficava na praça Afonso de Albuquerque, perto do Mosteiro dos Jerónimos. Havia outras duas entradas, que conduziam às quatro construções quadrangulares sobrepujadas por guerreiros medievais com grandes escudos e espadas. Por um passadiço era possível chegar à seção histórica (Pavilhão da Formação e Conquista; Pavilhão da Independência; Pavilhão dos Descobrimentos; Esfera dos Descobrimentos), ao Pavilhão da Fundação, ao do Brasil e ao da Colonização. Na seção colonial, era possível encontrar indígenas a trabalhar ou grupos de canto e dança. Por fim, no Centro Regional, mostrava-se ao público toda a arte popular e o artesanato português na sua vida cotidiana em seis diferentes seções: Pavilhão do Prólogo, Pavilhão da Ourivesaria, Pavilhão da Terra e do Mar, Pavilhão das Artes e Indústrias, Pavilhão dos Transportes, da Tecelagem e da Olaria, e Pavilhão da Doçaria e Panificação. Podiam ser vistos a trabalhar filigranistas, ceramistas, cesteiros, floristas, artesãos da madeira e do ferro e de todas as outras atividades que caracterizavam a vida interior do pequeno país atlântico do qual brotara o maior império da Terra. Não por acaso, os organizadores também prepararam um espaço autônomo para o Brasil, a única peça da colonização que se desprendera da pátria, em 1822.

O desígnio estratégico era o de mostrar ao mundo que, enquanto o velho continente se desagregava, o império colonial português se unia sob as insígnias das suas referências históricas: as descobertas, a língua, a literatura, a civilização, a religião cristã, os ofícios novos e antigos. A autoestima do pequeno grande povo português subiu aos píncaros, dado que a neutralidade era uma inegável oportunidade e uma garantia contra a dissolução e a guerra. Uma energia cósmica de derivação histórica — de d. Henrique a d. Dinis — invadia o país. Tudo mérito de uma grande e frágil exposição: grande pela amplitude, frágil pelas estruturas quase imateriais que resistiram até o fim para depois serem demolidas. Quando, na manhã de 23 de junho, inauguraram a Exposição do Mundo Português, o general Carmona, o presidente Salazar, o ministro Duarte Pacheco e o cardeal Cerejeira puseram em cena o mais imponente espetáculo do império, um mundo de cartão que arredava as sombras do presente para se consagrar à história, à etnografia e à aventura colonial portuguesa, uma ostentação para um povo já habituado ao paraíso triste do salazarismo.

O equilibrismo na Segunda Guerra Mundial

No segundo conflito mundial, o pequeno líder campesino também encontrou sua via do meio, ajudando ambos os lados da contenda: vendeu volfrâmio aos alemães, facultou os Açores como base aérea aos Aliados; manifestou simpatia por Hitler, mas ajudou os judeus a fugir do continente do terror. Os motivos que induziram um comportamento tão prudente foram a fragilidade do sistema militar português, a vulnerabilidade do seu império colonial e a ausência de desejos expansionistas ou irredentistas. Existia ainda o perigo de que um eventual golpe pró-democracia precipitasse a entrada do país atlântico na guerra, porventura por associações como a Liga dos Antigos Combatentes da Primeira Guerra Mundial, ou que os britânicos aproveitassem a confusão para instaurar de novo uma monarquia encabeçada pelo pretendente ao trono Duarte Nuno, duque de Bragança. Em todo caso, a embaixada britânica tornou-se o árbitro das eventuais alterações institucionais.

Teve início uma espécie de falsa guerra feita de propaganda e espionagem. Salazar resolveu-a encontrando uma tácita estratégia comum com Francisco Franco, graças à intermediação do irmão Nicolás Franco Bahamonde, então embaixador em Lisboa. A tarefa de Salazar foi a de convencer o colega espanhol a manter-se fora do conflito, o que lhe valeu a gratidão dos Aliados no pós-guerra. A arquitetura foi a do Tratado de Não Agressão entre Lisboa e Madri, acordo que poderia subsistir se os espanhóis não cedessem aos seus aliados políticos, Berlim e Roma, e se os portugueses não caíssem nos braços de Albião, com quem tinham uma parceria histórica. Portugueses e espanhóis não cederam sequer perante as lisonjas da Argentina que, por intermédio de emissários do ministro dos Negócios Estrangeiros Ruiz Guiñazú, tentava criar uma espécie de coligação de países alinhados com Berlim.

Declarando a neutralidade perante a Assembleia Nacional, o ditador sublinhou a importância e o respeito pela aliança britânica, ainda que tal não implicasse uma participação ativa no conflito. Procurou um difícil equilíbrio fazendo com que a península Ibérica se tornasse uma espécie de reserva protegida para os que procuravam refúgio do nazismo, ainda que Hitler — numa carta enviada a Mussolini — perspectivasse a possibilidade de os Aliados utilizarem o território da península para atacar os territórios por si conquistados e penetrar na Europa. Na realidade, no início da guerra mundial, Franco proporcionou um ativo apoio político às potências do Eixo, enviando a Divisão Azul, constituída por voluntários, para a frente russa, desistindo depois disso, na sequência de pressões portuguesas. Feitas as contas, pode dizer-se que o não intervencionismo permitiu que os dois ditadores morressem numa cama, já em idade avançada, nos anos da música rock.

Quem também se interessou por esse equilibrismo no período da guerra e das ditaduras foi Mircea Eliade, que viveu em Portugal entre 1941 e 1945 e escreveu em 1942 o texto *Salazar e a Revolução em Portugal*. O intelectual romeno fez a si mesmo duas perguntas: "É historicamente realizável uma revolução que tenha como protagonistas homens que acreditam, antes de mais, no primado espiritual?" e "Como foi possível chegar a uma forma cristã de totalitarismo, em que o Estado não confisca a vida daqueles que o constituem, mas faz com que a pessoa humana (a pessoa — não o indivíduo) conserve todos os seus direitos naturais?". A resposta de Eliade era bastante fácil para aqueles tempos conturbados: "A revolução de Salazar era mais difícil de compreender por ser de uma surpreendente simplicidade; isso porque lhe interessavam sobretudo as coisas pequenas e bem-feitas". Recuperava, pois, sua atualidade a figura do homem do campo que governava um império: um verniz superficial que escondia a prática do terror do qual se tornara conscientemente artífice, com o intuito de conservar o poder.

Aristides de Sousa Mendes, o Perlasca português

Permaneceu muito tempo secreta a história que teve como protagonista Aristides de Sousa Mendes (1885-1954), cônsul-geral de Portugal em Bordeaux, exemplo da atitude contraditória de Lisboa. Lembra Giorgio Perlasca que, no inverno de 1944, fingindo-se cônsul-geral espanhol em Budapeste, salvou a vida a mais de 5 mil judeus húngaros, arrancando-os à deportação nazista. Com a capitulação de França em junho de 1940, milhares e milhares de refugiados fugiram da ocupação alemã procurando abrigo em Espanha e Portugal. Porém, depois de a Alemanha ter invadido a Bélgica e os Países Baixos em 10 de maio de 1940, o governo português proibiu os vistos de entrada e as licenças de trânsito via Portugal que fossem emitidos pelo consulado de Bordeaux, justamente. Como tal, 30 mil refugiados, um terço dos quais era judeu, ficaram bloqueados na cidade da Gironda.

Perante a terrível situação dos refugiados, Aristides de Sousa Mendes decidiu desobedecer às instruções explícitas do seu governo. Recebeu no consulado uma delegação de refugiados, encabeçada pelo rabino Haim Kruger, e prometeu vistos de trânsito a todos os que precisassem. A quem não pôde pagar os vistos, Sousa Mendes entregou-os gratuitamente. O cônsul criou um gabinete no consulado onde, com a ajuda de dois dos seus filhos e de alguns judeus, começou a emitir autorizações de entrada em Portugal. Sousa Mendes trabalhou três dias e três noites, sem se conceder um momento de descanso. Entre 15 e 22 de junho de 1940, Sousa Mendes emitiu um total de 1575 vistos.

Os boatos sobre o que Sousa Mendes estava a fazer chegaram a Lisboa, que ordenou ao cônsul que regressasse à pátria. Foram até enviados dois homens para o escoltarem. No caminho, ainda em França, o grupo passou à frente do consulado português de Bayonne, a poucos quilômetros da fronteira espanhola. Sousa Mendes viu uma multidão de centenas de pessoas à porta da seção diplomática. Embora tivesse sido afastado, entrou no consulado e, ignorando as objeções do funcionário local, ordenou a emissão de vistos a todos os requerentes. Carimbou os vistos pessoalmente, acrescentando aos documentos uma frase escrita à mão: "O governo de Portugal pede gentilmente ao governo de Espanha que permita que o titular deste documento atravesse livremente Espanha. O titular deste documento é um refugiado do conflito na Europa e está a viajar para Portugal". O cônsul acompanhou pessoalmente os refugiados até um posto de controlo espanhol, certificando-se de que atravessariam a fronteira em segurança.

Regressado a Lisboa, Sousa Mendes foi presente a um conselho disciplinar e demitido do seu cargo no Ministério dos Negócios Estrangeiros, o que o levou à indigência, tendo ele treze filhos. Dentre as personalidades que Sousa Mendes conseguiu subtrair às mãos dos perseguidores nazis figuram o príncipe austríaco Oto de Habsburgo-Lorena, procurado pela SS; alguns membros da influente família Rothschild; Antonieta, irmã de Carlota, duquesa de Luxemburgo, juntamente com o cunhado Rodolfo, príncipe herdeiro da Baviera. Não foi possível perceber nos arquivos deixados por Sousa Mendes se o visto concedido a Robert Montgomery se referiria ao ator americano, que viajou de Lisboa para Nova York em junho de 1940, ou ao homônimo industrial britânico que realizou o mesmo trajeto em setembro desse ano. Os judeus, ao contrário do que acontecia noutros países neutrais, não foram internados em campos de acolhimento, tendo-lhes sido permitido que se instalassem em locais distantes da capital enquanto esperavam o embarque. Escolheram localidades como a Ericeira, a Figueira da Foz, as Caldas da Rainha, muitas vezes ajudados pela população local ou pelos comerciantes.

Lisboa, cidade de espiões

Lisboa tornou-se um canal privilegiado de notícias, tendo acesso a várias fontes, como Londres, Madri, África e sobretudo o Atlântico, dado o movimento de navios militares, submarinos, navios mercantes e passageiros. Uma cidade de espionagem, como narram vários romances e filmes, dentre os quais *Casablanca*. A capital lusitana era um ponto de passagem obrigatório para aqueles que quisessem fugir da guerra na Europa ou salvar-se da opressão nazifascista. Dentre estes, havia nobres arruinados, judeus, ciganos, pobres, pacifistas, antifascistas. Quase 100 mil judeus transitaram por Lisboa. Para citar alguns: Marc Chagall, Béla Bartók e Hannah Arendt, que encontrariam depois refúgio nos Estados Unidos. Tal como Perlasca, os diplomatas portugueses Sampaio Garrido e Teixeira Branquinho conseguiram salvar um milhar de judeus em Budapeste. O governo lançou, além disso, um plano de emergência baseado na solidariedade da população portuguesa.

Por fim, Salazar obteve a certeza da manutenção das suas possessões atlânticas (Açores, Madeira, Cabo Verde, São Tomé e Príncipe) em troca do uso dos Açores como base aérea, a partir do verão de 1943, primeiro na ilha de Santa Maria e depois na ilha Terceira, na base militar das Lajes. Nessa pista de aterragem e descolagem, entre a América e a Europa, foi posicionada a 65ª Brigada dos Estados Unidos. Lajes Field era um extenso terraço sobre o mar na parte noroeste da ilha, que no passado se destinava à produção agrícola. Funcionava como ponto central da estação de reabastecimento para os aviadores americanos, contando com um vasto número de reservatórios de combustível e outras instalações de armazenagem. É certo que Churchill ameaçara realizar uma ocupação à força dos Açores, para usar as ilhas numa campanha antissubmarinos, mas viria a juntar-se a um compromisso anunciado por Salazar ao conde de Jordana, chefe da diplomacia espanhola, num encontro secreto que teve lugar pouco para lá da fronteira e que conduziu a uma cooperação econômica mais estreita entre os dois países. Salazar ausentou-se por poucas horas do seu Portugal, como era habitual deslocando-se de carro a partir do Vimieiro. Jordana aceitou, na prática, a soberania portuguesa sobre os Açores e a neutralidade substancial da península Ibérica.

Salazar encontrou na ocupação japonesa de Timor-Leste um pretexto válido para ceder a base açoriana aos Aliados, obtendo dos britânicos novos armamentos para o seu exército degradado e a proteção das colônias africanas. Perante os moderados protestos alemães, o ditador replicou com uma prosa metafórica pouco compreensível até para os tradutores. Os alemães nunca atacaram a base dos Açores. Por quê? Porque — como já vimos — tinham obtido de Portugal a venda de volfrâmio, cujas propriedades de densidade e dureza o tornavam um elemento ideal para as ligas pesadas usadas em armamentos, dissipadores de calor e sistemas de pesos e contrapesos.

Quando, em 1944, uma nota oficial do Foreign Office convidou o governo português a suspender a exportação de volfrâmio para a Alemanha, Lisboa respondeu relançando sua neutralidade, o que se traduziu no embargo total a todos os países beligerantes.

A guerra refletiu-se na vida cotidiana do povo português, mesmo que amparado por uma consistente produção agrícola: para assegurar a todos a distribuição dos bens primários, arrancou em agosto de 1943 o racionamento, que geraria longas filas nas principais cidades. De certa forma, o plano lançado por Salazar em 1941, "Produzir e Poupar", revelou-se um meio fracasso. Além do mais, em pleno conflito, o inquilino de São Bento viu-se a braços com uma sublevação militar interna encabeçada pelos coronéis Mário Pessoa e Carlos Selvagem, tendo conseguido evitar a amotinação por meio de uma negociação pacífica, robustecida também pela cedência dos Açores como base militar aos anglo-americanos. Também teve lugar o segundo congresso do partido único, a União Nacional, e foi apresentado um novo governo, com a entrada de Marcelo Caetano à frente das colônias. Enquanto a Europa se desmoronava sob os tiros dos bombardeiros americanos, ingleses, alemães e italianos, o ditador inaugurava em 1944 o Viaduto Duarte Pacheco em Lisboa e o novo Estádio Nacional, celebrando-se a partir desse ano o feriado nacional do 10 de junho como Dia da Raça.

Ingleses e alemães enfrentavam-se no país atlântico a golpes de escutas, estações de radioamadores, voos secretos, difusão da BBC e da Rádio Berlim, boatos falsos, difamações e maquinações. Não faltavam presenças fugazes de submarinos de ambos os lados, sobretudo os encarregados do controlo do estreito de Gibraltar. Os hotéis da capital eram classificados segundo sua tendência política. Dizia-se que o Avenida Palace, o pequeno Duas Nações, o Atlântico, o Tivoli, o Suíço e o Vitória eram pró-nazis, ao passo que o Metrópole, o Europa, o Grand Hotel do Estoril, o Palácio Estoril e o Aviz eram pró-Aliados. Diretores de hotel, *maîtres de salle*, cozinheiros e meros ascensoristas ou empregados ofereciam delações em troca de chorudas gorjetas. Os hotéis tornaram-se o cenário de um mundo oculto, misterioso, confuso e complexo, de alcovas amorosas ou de espionagem. O andamento da guerra levava os agentes da então PVDE a intensificar essa ou aquela vigilância, a preferir as relações históricas com a contraespionagem britânica ou então a ouvir as sugestões da Gestapo, a tratar mal ou a encorajar os fugitivos, em particular os judeus. Alguns agentes secretos não eram imunes ao fascínio desse ou daquele hotel e, portanto, estavam-se nas tintas para as tendências explícitas dos proprietários. Podiam cruzar-se diplomatas e militares ingleses e americanos com alemães e italianos nos restaurantes. Em certas ocasiões, um coquetel oferecido pela embaixada americana podia coincidir com uma recepção a um ministro alemão.

Com a Guerra Fria, Lisboa manteve-se um terreno fértil em espionagem, um campo quase neutro para encontros fortuitos e recolha de informações. Em vez dos nazis, vieram os homens do Leste, mais desapiedados e esbanjadores. Ingleses e americanos tornaram-se, enfim, senhores da cidade.

Contrariamente ao que se possa pensar, a Lisboa de Salazar também era uma cidade transgressora onde, no final dos anos 1940, se contavam cerca de 10 mil prostitutas oficiais. Era uma profissão como as outras, registrada, que tinha de se sujeitar às regras fiscais e sanitárias, como a visita à Casa de Saúde uma vez por mês. Muitas das notícias secretas eram filtradas justamente nas recepções e nos quartos secretos dos prostíbulos. Existia, pois, uma cidade do divertimento com empresários de variedades, discotecas, bailes, revistas, festas organizadas. Com a intensificação da guerra em África, muitas prostitutas seguiram os jovens do exército e mudaram-se. Da segunda metade dos anos 1940 até os anos 1960, Portugal tornou-se um destino do turismo sexual, reservado a ambos os sexos, inclusivamente a lésbicas e gays, no Algarve, na Figueira da Foz, em Sintra, no Estoril. Tratava-se com frequência de jovens que se dirigiam às famosas localidades costeiras para passeios organizados de perda da virgindade. O cantor britânico Cliff Richard transformou sua casa da Quinta do Moinho, a uma curta distância da aldeia da Guia, em Albufeira, num mítico local de festas; personalidades britânicas do espetáculo passavam as férias na Madeira.

No dia 1º de janeiro de 1963, os portugueses assistiram, curiosos, ao fecho oficial dos bordéis em zonas típicas como o Bairro Alto em Lisboa, onde, até a noite da véspera, os ardinas chamavam os clientes na rua, ou no Porto, onde estavam na moda os prostíbulos Lola do Palácio e Miquinhas da Boa. Com o adeus à prostituição oficial, foi morrendo um mundo feito de chulos, fadistas, ladrões e vendedores de tudo e mais alguma coisa. Também os espiões se sentiram privados do seu terreno de referência. Resistiram os bailes de Carnaval, não certamente com a intensidade brasileira, mas com o intuito de animar uma periferia cada vez mais anônima, onde o sistema repressivo não chegava. Durante alguns dias, estavam na berra o disfarce, o espetáculo, a transgressão, até que tudo regressava à normalidade.

Os receios pós-bélicos

Com a notícia da descoberta do cadáver de Hitler junto do seu bunker de Berlim, o governo português decidiu colocar as bandeiras a meia haste nos edifícios públicos. Teixeira de Sampaio, secretário-geral do Ministério dos Negócios Estrangeiros, defendeu que se tratava de uma praxe habitual em caso de falecimento de um chefe de Estado estrangeiro com o qual Portugal tivesse relações diplomáticas. Alastra pelo país uma indignação geral, ao ponto de Sampaio apresentar sua demissão a Salazar, o qual respondeu com um bilhetinho irônico: "Hora a hora Deus melhora". No fundo, a neutralidade tinha sido a cartada certa do ditador português que, tirando Timor-Leste, invadido pelos japoneses depois de uma breve ocupação protetora holandesa-australiana, não sofrera danos no segundo conflito mundial e conseguira manter a salvo todo o seu patrimônio colonial, incluindo os apetitosos arquipélagos atlânticos.

A estabilidade de Lisboa era agora uma das prioridades de Washington e Londres, a braços com a intromissão soviética na Europa. Segundo os diplomatas dos dois países que saíram vitoriosos da guerra, não existia em Portugal uma figura de primeiro plano capaz de liderar um possível derrube do regime. Daí a opção de incluir Portugal nos novos organismos pós-bélicos que estavam em formação, como a Otan e a EFTA, a Associação Europeia de Livre Comércio. Com as esperanças postas no último sopro das ditaduras, também as forças antissalazaristas recuperaram a vitalidade, exigindo o direito à palavra para os partidos e a abolição da censura. De um lado, as forças democráticas procuraram sustento na Europa Ocidental; do outro, os comunistas insistiam numa linha de frente política. As eleições do pós-guerra terminaram, como de costume, com uma farsa de regime. Salazar tinha as portas abertas para levar a cabo as grandes transformações de que o país precisava.

Bem-vindos, monarcas!

Entre as consequências do cessar das hostilidades, contou-se a deslocação de monarquias suprimidas ou comprometidas. Foi o caso de Humberto II de Saboia; de Carlos II da Romênia; de Miklós Horthy de Nagybánya, regente da Hungria até

1944; de Joana de Saboia (viúva de Bóris III da Bulgária, desaparecido em 1943, e irmã de Humberto II) juntamente com o filho Simeão II da Bulgária; de Juan de Bourbon, pretendente ao trono de Espanha; dos condes de Paris, aspirantes ao trono francês, além de nobres, príncipes e duquesas expulsos das recém-nascidas repúblicas democráticas ou socialistas. Salazar não se opôs a esse *parterre de rois* que vivia ao sol da costa atlântica, entre o Estoril e Cascais, considerando-o até um ato de legitimação do país.

Não foi fácil, todavia, a relação entre Juan de Bourbon e o ditador português, pressionado pelo Generalíssimo Franco a expulsar o quintogênito (terceiro masculino) do rei Afonso XIII de Espanha e da rainha Vitória Eugénia de Battenberg. Em 1936, o pai enviou-o para participar na Guerra Civil Espanhola com monárquicos e nacionalistas, mas na fronteira francesa o general Emilio Mola, comandante do Bando Nacional — as unidades espanholas que se tinham revoltado contra a República —, prendeu-o e mandou-o para trás. Em 1941, com a morte do pai, Juan tornou-se pretendente ao trono de Espanha, mas romperia com o regime franquista em 1945. Em 1947, depois de vários anos de incerteza quanto ao nome do herdeiro ao trono, Franco decidiu restabelecer a monarquia, tendo feito vista grossa em 1969 aos direitos de Juan, legítimo herdeiro, em prol do seu filho Juan Carlos, que considerava mais propenso a manter as instituições ditatoriais. Assim, Juan, conde de Barcelona, renunciou definitivamente ao trono em 1977 a favor do filho, Juan Carlos I de Espanha. Em 12 de outubro de 1935, casara-se em Roma com a prima Maria das Mercedes de Bourbon-Duas Sicílias, que se tornou condessa de Barcelona. O casal viveu em Cannes, em Roma, em Lausanne durante a Segunda Guerra Mundial e, por fim, no Estoril. Sob pressão espanhola, o casal foi sujeito a uma vigilância constante da PIDE, que utilizava como informadores os empregados domésticos da casa dos Bourbon.

Menos problemática foi a relação com Humberto II, nascido em 1904, tenente-general do reino de Itália entre 1944 e 1946 e último rei de Itália, entre 9 de maio de 1946 e 18 de junho do mesmo ano, data em que foi oficializado o resultado do referendo institucional de 2 de junho, ainda que já no dia 13 de junho o Conselho de Ministros tivesse transferido para Alcide de Gasperi, num gesto que Humberto II definiu como revolucionário, as funções acessórias de chefe provisório do Estado. Devido ao seu breve reinado (pouco mais de um mês), foi apelidado de Rei de Maio.

Humberto II escolheu o Portugal do regime ditatorial de Salazar, residindo primeiramente em Sintra, hospedado na Villa Bela Vista, e, depois de um breve intervalo, em Cascais, numa residência própria, Villa Itália, onde recebia com frequência delegações de nostálgicos italianos (naufragado o projeto de um museu, é hoje um complexo hoteleiro, Grande Real Villa Itália Hotel & Spa). Em Portugal, também estivera exilado o trisavô, o rei Carlos Alberto, que morreria no Porto em 1849. Com a entrada em vigor da Constituição republicana no dia 1º de janeiro de 1948, o exílio de Humberto II de Saboia tornou-se definitivo, ainda que seus efeitos tenham sido suspensos em 2002, na sequência de uma lei de revisão constitucional.

Em Portugal, o ex-Rei de Maio dos anos 1950 recuperou suas prerrogativas, emanando os famosos "títulos nobiliárquicos humbertinos". Humberto II morou trinta anos no país, impondo uma rígida vida de corte, cheia de regras e rigorosas etiquetas a respeitar, como o toque do gongo por três vezes: a primeira para anunciar que a refeição estava pronta, a segunda para chamar para a mesa, a terceira à chegada do rei, e depois disso já ninguém, nem sequer o príncipe e as princesas, podia entrar na sala de jantar. O rei Humberto foi, a par de Juan Carlos, testemunha de casamento do sobrinho, o príncipe Amadeu, celebrado na sexta-feira, 22 de julho de 1964, em Sintra.

O quinto duque de Aosta desposou a princesa Cláudia de Orléans, nona filha de Henrique, conde de Paris. Graças à sua intermediação, Maria Callas interpretou *La Traviata* no Teatro de São Carlos em duas noites, encontrando-se depois com ele num banquete oferecido pela marquesa Olga de Cadaval na encantadora Quinta da Piedade. Quando os jornalistas italianos foram enviados a Portugal para acompanhar a Revolução dos Cravos de 1974, num ato de cortesia, o antigo soberano dirigiu-se ao hotel onde pernoitavam e cumprimentou-os um por um, como um cidadão normal.

Rocambolesca foi a fuga de Carlos II, que reinou na Romênia entre 8 de junho de 1930 e 6 de setembro de 1940. Obrigado inicialmente pelos soviéticos e depois por húngaros, búlgaros, italianos e alemães a ceder partes do seu reino ao domínio estrangeiro, foi convencido pela administração pró-alemã do marechal Ion Antonescu a abdicar a favor do filho Miguel. Carlos abandonou a Romênia de comboio, juntamente com sua amante, Magda Lupescu, levando consigo os tesouros reais (pinturas de importantes mestres como Ticiano, Rubens e Rembrandt, joias e armaduras preciosas). Um grupo de legionários da Guarda de Ferro atacou o comboio real, mas não conseguiu travá-lo.

O caso Delgado

O nascimento do bloco da Europa de Leste e o apoio britânico e americano à entrada de Portugal na Otan permitiram que a ditadura se sentisse parte legítima e integrante do Ocidente. Era uma sensação nova para uma nação mais projetada nas rotas atlântico-africanas do que ligada às dinâmicas europeias. A barreira espanhola afastava, no fim de contas, qualquer contato com as outras capitais do Velho Continente.

Salazar empenhou todo o pós-guerra na consolidação do seu poder. A única exceção foi a influência política cada vez maior exercida por Marcelo Caetano, que representava a linha reformista no interior do regime. Nada neste mundo teria abalado o rame-rame lisboeta se a 18 de abril de 1951 não tivesse acontecido a morte do presidente da República, o general Carmona, eleito pela primeira vez em 16 de novembro de 1926 e reeleito sucessivamente nos anos de 1928, 1935, 1942, 1949. Com sua presidência, o regime salazarista consolidara-se, encontrando o justo equilíbrio entre mundo político e militar. Salazar não aceitou a proposta de o substituir, ficando com todo o poder político. O debate que se acendeu no interior do partido único pôs em evidência alguns aspirantes, como Albino dos Reis, presidente da Assembleia Nacional; José Caeiro da Mata, ex-ministro dos Negócios Estrangeiros; Maximino Correia, reitor da Universidade de Coimbra; o almirante Américo Tomás, ministro da Marinha; o general Abílio Passos e Sousa, chefe do Estado-maior; e o general Afonso Botelho, comandante da GNR. Salazar, contudo, tomou a iniciativa de convocar o general Francisco Craveiro Lopes, que foi eleito em 1951, mantendo-se no cargo até 1958.

As diferenças entre os dois cargos máximos do Estado eram evidentes aos olhos de toda a classe política. Ao cabo do primeiro mandato presidencial, Salazar, reunindo a comissão central da União Nacional, optou pela não reconfirmação, apostando em Américo Tomás. Entretanto, apresentou-se uma candidatura independente, a do general Humberto Delgado, chefe da missão militar portuguesa na Otan. Não eram poucos os que viam em Delgado o apoio dos aliados atlânticos, que estariam a pensar num processo democrático também em Portugal, depois de décadas de regime absoluto, até pela idade avançada do ditador, já septuagenário. Outros afirmavam, pelo contrário, que a decisão de Delgado se deveria à sua reprovação para a direção do Colégio de Defesa da Otan. Ao que parece, vetou-o o almirante britânico Michael Denny, farto das brincadeiras parvas que o português lhe fazia, sendo um tipo um pouco bizarro. Assim, Delgado apresentou-se em 10 de maio de 1958, no Café Chave d'Ouro, em Lisboa, como candidato à presidência. A uma pergunta do correspondente da France Press acerca do presidente do Conselho, Humberto Delgado respondeu de modo intempestivo: "Obviamente demito-o". Um longo silêncio se alastrou pela sala. Era a primeira vez que alguém, publicamente, se dava ao luxo de questionar o papel de Salazar. A partir desse momento, Delgado recebeu a alcunha de General Sem Medo ou General Coca-Cola, devido ao seu americanismo. Sua propensão para a democracia rachou ao meio o bloco militar e fez vir à tona uma ampla dissidência interna no regime, já atravessado por correntes liberais e democráticas. Pela primeira vez, a oposição tradicional — comunista, socialista, católica progressista — entreviu a possibilidade de uma desforra moral sobre o salazarismo, ao ponto de retirar a candidatura autônoma de Arlindo Vicente, pintor, homem de cultura e advogado, selando a 30 de maio o Pacto de Cacilhas.

Faltavam então nove dias para a votação e o Estado Novo tremia pela primeira vez. Enquanto, em eleições anteriores, os representantes da oposição acabavam por renunciar ou desistir, impossibilitados de desenvolver sua atividade eleitoral, Delgado tinha dessa vez o caminho aplanado para a vitória. Os pontos em que Delgado insistia eram claros: liberdade de expressão, novas eleições, moralização da vida política e anistia para os presos políticos. No dia do seu 52º aniversário, Delgado atingiu a apoteose no Porto, numa manifestação em que participaram milhares de pessoas. Seu apelo foi no sentido da conciliação nacional, para a qual convocava governadores, bispos, militares e magistrados, concluindo seu caloroso discurso com o lema "Censura, não! Reformas, sim!". Recebeu a mesma aclamação no seu regresso a Lisboa, onde o esperaram milhares de manifestantes na estação ferroviária de Santa Apolónia. A PIDE, porém, negou-lhe o banho de multidão enfiando-o num carro e levando-o embora. Seguiu-se uma violenta carga policial contra os manifestantes, na praça do Rossio. Uma nota confidencial do Ministério do Interior convidou todos os municípios a limitarem a atividade dos candidatos adversários do regime. Delgado seria então mantido sob sequestro pela PIDE na sua habitação. Foram roubados também inúmeros boletins eleitorais e redigida uma lista de opositores do regime aos quais estava vedado o acesso à cabine eleitoral. No dia 22 de maio, tiveram lugar outras manifestações importantes, em Aveiro, Viseu e Chaves, a favor do candidato independente.

A 8 de junho, a votação decorreu sem incidentes. Os dados oficiais levaram ao seguinte resultado: 758 998 votos para Tomás, 236 528 para Delgado. A maior parte dos observadores neutrais acreditava que Delgado teria vencido, se a eleição tivesse sido realizada com honestidade, e que só a perdeu por causa da maciça manipulação levada a cabo pela PIDE nas cabines eleitorais, a favor de Américo Tomás, e do limitado número de votantes, 1,4 milhão de uns potenciais 3 milhões ou 4 milhões. Para não correr mais riscos, Salazar lançou uma nova lei eleitoral em agosto de 1959, pela qual, em vez do voto popular, a nomeação do chefe de Estado cabia a um colégio eleitoral constituído pelos membros da Assembleia Nacional e da Câmara Corporativa. Salazar confessou que pusera de parte duas cápsulas de cianeto, para o caso de as coisas correrem mal. Depois, evitado o perigo, desembaraçou-se com a habitual ironia: "Esperava que meu sucessor, ao encontrá-las, as engolisse por distração".

Em janeiro desse ano, como acerto de contas, o general Delgado foi oficialmente "afastado do serviço". Sua resposta foi refugiar-se na chancelaria da representação brasileira, na calçada dos Caetanos, não nas instalações propriamente ditas da embaixada, que ficavam a poucos metros da sede da PIDE, na rua António Maria Cardoso. Depois de uma longa hesitação entre as partes, o general conseguiu o asilo político e deixou Lisboa em 21 de abril, rumo ao Rio de Janeiro. Destino mais amargo tocou a Arlindo Vicente, que foi detido, condenado a vinte meses de prisão e cinco anos de inibição de direitos políticos. No período passado no Brasil, Delgado conseguiu o apoio de Maria Pia de Saxe-Coburgo e Bragança, a quem chamava *A Princesa* ou *A Duquesa*, que o ajudou financeiramente e também lhe ofereceu uma das residências que detinha em Roma. Em torno de Delgado uniram-se as forças que lutavam pela liberdade em Portugal, o que fez do ex-general uma pedra no sapato do regime.

A grande fuga

António Salazar ficou impressionado com a resistência e a tenacidade de Álvaro Barreirinhas Cunhal, nascido em 1913, detido por três vezes, em 1937, em 1940 e por fim em 1949, ficando na prisão até 1960 num total de quinze anos, oito dos quais em completo isolamento. Cunhal, porém, nunca perdeu a lucidez, não abdicou da noção do tempo, dos contatos com o exterior, da vontade de recomeçar, da forte vocação cultural. Nem sob violentas torturas confessou o sistema organizativo do PCP, sua poderosa rede clandestina, uma máquina perfeita que funcionou ao longo de décadas dentro do país. Seu físico e sua mente resistiram ao impacto mais rude com o regime policial salazarista. Para reagir à estrutura repressiva da penitenciária, Cunhal pôs-se a pintar e a escrever, hábito que conservou já mais velho, publicando romances, novelas e poemas. Uma das suas produções mais conhecidas, quando estava na cadeia, foi a tradução e a ilustração do *Rei Lear*, de William

Shakespeare. Quando Salazar recebia os relatórios sobre seu hóspede ilustre, interrogava-se como é que ele conseguia fazer conviver torturas e poemas, PIDE e Shakespeare. Por trás dessa atitude artística, o líder comunista nunca deixava de pensar em como passar a perna à polícia política. E conseguiu-o: em 3 de janeiro de 1960, Cunhal e outros nove camaradas de partido, todos quadros dirigentes do PCP, foram protagonistas da célebre fuga de Peniche, possibilitada pelas falhas do sistema penitenciário e por uma coordenação perfeita entre o exterior e o interior da cadeia. Com Álvaro Cunhal, puseram-se ao fresco Carlos Costa, Francisco Martins Rodrigues, Francisco Miguel, Guilherme da Costa Carvalho, Jaime Serra, Joaquim Gomes, José Carlos, Pedro Soares e Rogério de Carvalho. No exterior, atuaram Pires Jorge e Dias Lourenço, com a ajuda de Octávio Pato, Rui Perdigão e Rogério Paulo.

Na data e na hora previamente estabelecidas, ao final da tarde, um carro conduzido pelo ator Rogério Paulo parou diante do Forte de Peniche com a bagageira aberta. Era o sinal combinado para o início da operação. Os fugitivos neutralizaram com um anestésico seu carcereiro e, depois, com a ajuda de uma sentinela conivente, um tal José Alves, os dirigentes comunistas atravessaram o trecho mais exposto do percurso, furtando-se ao controlo dos guardas. Achando-se no piso superior, desceram ao piso inferior por uma árvore. Precipitaram-se daí para a muralha, que desceram com uma corda até alcançarem o fosso exterior. O último esforço foi o de saltar um muro para chegarem à vila, na qual tinham à sua espera outros carros para os transportarem para locais secretos onde passariam a noite. Álvaro Cunhal refugiou-se em casa de Pires Jorge, em São João do Estoril, onde permaneceu algum tempo. José Alves, que colaborou na fuga, exilou-se em Bucareste, juntando-se posteriormente à família. As coisas não lhe correram de feição na Romênia e acabaria por se suicidar.

1961, o ano horrível

O ano de 1961 foi terrível para o ditador, que teve de se haver com crises internacionais, o início da guerra da independência em África e rebeliões internas. O primeiro caso eclodiu em 22 de janeiro, quando o paquete *Santa Maria*, que navegava entre Curaçau e Miami com destino final em Vigo, foi assaltado por um comando do DRIL (Directorio Revolucionario Ibérico de Liberación) chefiado por Henrique Galvão. Tratou-se do primeiro desvio com fins políticos de um navio de passageiros na história moderna da marinha. O *Santa Maria*, propriedade da portuguesa Colonial Navigation Company, levantara ferro de Lisboa a 9 de janeiro, para uma viagem regular à América Central, tendo chegado ao porto de La Guaira, na Venezuela, a 20 de janeiro. Dentre os passageiros, escondia-se uma vintena de membros do grupo revolucionário que se opunha a Franco e Salazar.

Galvão era um ex-militar que prestara serviço em Angola e passaria posteriormente à oposição. Era um militar culto, escritor e dramaturgo, com graves problemas cardíacos. Em 1959, vigiado pela PIDE, conseguiu ser internado num hospital de Lisboa, do qual fugiu para pedir refúgio à embaixada argentina e depois asilo político à Venezuela, onde, justamente, fundou o DRIL. Projetou à perfeição o ataque ao *Santa Maria* com o "Plano Dulcineia", levado a cabo por treze portugueses, onze espanhóis e dois venezuelanos, e cujo objetivo era atacar o porto de Fernando Pó, então uma possessão espanhola no golfo da Guiné, e rumar depois a Luanda, contando com o apoio dos rebeldes locais. Em primeiro lugar, os revoltosos mudaram o nome à embarcação, chamando-lhe *Santa Liberdade*, e depois se dirigiram para Santa Lucia, com o intuito de desembarcar dois feridos e o corpo do terceiro oficial morto no ataque. O mundo ficou a saber do desvio. Em 25 de janeiro, o navio é avistado pelo cargueiro frigorífico dinamarquês *Fishe Gulua* a cerca de novecentos quilômetros de Trinidad. E, no dia seguinte, um avião americano localizou-o a setecentas milhas da foz do rio Amazonas. Durante treze dias e treze noites, Salazar não tocou na cama.

Quase em concomitância, no dia 27 de janeiro, o político angolano Mário Pinto de Andrade anunciou o início da luta de libertação. Como se não bastasse, rebentaram em Lisboa tumultos fomentados pelos hóspedes da Casa dos Estudantes do Império. Em 2 de fevereiro, o *Santa Liberdade*, escoltado por um navio norte-americano, atracou no Recife, onde Henrique Galvão deu uma conferência de imprensa ao lado de Humberto Delgado, que subira a bordo para esse fim. Em 3 de fevereiro, os sequestradores, já depostas as armas, obtiveram asilo político do governo brasileiro e libertaram a embarcação para o regresso a Lisboa, aonde chegaria em 16 de fevereiro, recebida por uma gente imensa que aguardava no cais. A crise do *Santa Maria* chamou a atenção para a ditadura portuguesa graças também a uma carta aberta escrita por Galvão a Salazar denunciando a corrupção do Estado.

Em 3 de janeiro, como primeiro ato político da luta angolana, deu-se a revolta da Baixa de Cassanje, onde os trabalhadores agrícolas da Cotonang, uma empresa luso-belga, pediam melhores condições de trabalho. Houve ataques aos comerciantes portugueses e aos estabelecimentos da companhia. O protesto generalizou-se, o que levou o exército a responder com ataques aéreos em vinte aldeias da região, matando milhares de angolanos (segundo o Movimento Popular de Libertação de Angola, foram 10 mil as vítimas; segundo outras fontes, 7 mil). Em 4 de fevereiro, no silêncio noturno de Luanda, prepararam-se para a ação vários grupos de independentistas. O primeiro pôs-se em marcha às duas da manhã, rumo à Casa da Reclusão. Pouco depois, partiu o outro, direito à prisão da

PIDE. O terceiro tinha como objetivo os correios, o quarto a Sétima Divisão da PSP, o quinto o aeroporto. A finalidade era libertar os presos políticos que estavam prestes a ser deportados para Cabo Verde ou para a Europa. Os duzentos revoltosos tinham poucas armas e apostavam no efeito surpresa, mas o ataque ao estabelecimento prisional não teve êxito. Acabaria num massacre, com dezessete mortos entre os guardas e os soldados portugueses e cerca de 3 mil entre a população local. Seguiram-se o ataque à Cadeia de São Paulo, em Luanda, em 10 de fevereiro e a insurreição do Norte de Angola em 15 de março, levada a cabo pela União dos Povos de Angola (UPA) de Holden Roberto, zona que só seria recuperada pelo exército regular em junho e com pesadas baixas. A faúlha africana já se ateara e levaria ao fim do regime português.

Em abril, o ditador recebeu um documento secreto intitulado *Relação sobre várias questões que, segundo a opinião corrente, causam inquietação ou perturbam os portugueses*. A leitura não foi agradável, pois tratava-se de páginas e páginas de denúncias sobre o comportamento do governo. Era um primeiro sinal de que, tantas décadas passadas, sua popularidade junto da opinião pública estava a diminuir. Ainda no mês de abril, verificou-se o golpe de Estado falhado que ficaria conhecido como abrilada de 1961 ou Golpe Botelho Moniz. Um caso curioso, dado que foi o ministro da Defesa, Júlio Carlos Alves Dias Botelho Moniz, a exigir a demissão do chefe do governo. O Golpe Botelho Moniz foi orquestrado por oficiais liberais, encabeçados justamente pelo titular da pasta da Defesa, contrários à guerra colonial que começara em África, uma espécie de antecipação de 1974. O plano era o de apresentar uma moção de censura contra Salazar durante a reunião do Conselho da Defesa convocado para 8 de abril de 1961. Porém, o presidente do Conselho, alertado para o que teria à sua espera, não participou na assembleia. A organização da revolta não teve sucesso e, nos dias seguintes, o confronto ficou resolvido com as demissões de altas patentes das hierarquias militares.

Em outubro, estalou o caso Arlindo Vicente, ex-candidato à presidência da República, que se retirara para deixar terreno livre a Delgado. Detido em setembro, foi enviado para a prisão do Aljube, em Lisboa, e encerrado numa cela infame, de dois metros por setenta centímetros. Propositadamente esquecido pelos dirigentes do estabelecimento prisional, solicitou assistência médica, que só lhe seria concedida a 18 de outubro. Cinco dias depois, fez um eletrocardiograma pelo qual se fica a saber que sofrera um ataque cardíaco na cadeia. Em vez de ser hospitalizado, Vicente foi enviado para a prisão de Caxias. O advogado Neville Vincent, que se dedicava à Anistia Internacional, denunciou numa entrevista ao *The Observer* o estado brutal em que eram mantidos os presos políticos em Portugal. O jornal publicou então um apelo do Movimento Nacional Independente português dirigido ao presidente americano John F. Kennedy pedindo uma intervenção para salvar a vida de Vicente.

Para a instabilização da situação, contribuiu também um pequeno grande acontecimento: no dia 1º de agosto de 1961, a recém-nascida República do Daomé conquistou o Forte de São João Baptista de Ajudá, a mais pequena entidade colonial portuguesa, uma escala quase esquecida na antiga rota das especiarias. O forte, construído num terreno cedido por Portugal ao rei do Daomé, manteve-se português entre 1721 e 1961. Em 1680, o governador de São Tomé e Príncipe foi autorizado a erigir um edifício militar naquele trecho de costa. Depois de ter ficado vários anos abandonado, viria a ser reedificado em 1721, tendo recebido o nome de São João Baptista de Ajudá. O forte desempenhou um papel importante no âmbito do comércio de escravos organizado pelos portugueses. Com a abolição da escravatura em 1807, a fortificação foi perdendo aos poucos sua importância. A fortaleza sofreu uma reocupação estável por parte de Portugal em 1865, no âmbito da breve tentativa de estabelecer um protetorado sobre o reino do Daomé. Depois da conquista francesa do Daomé, a possessão passou a cingir--se ao território no interior das muralhas. Segundo os censos de 1921, contava com cinco habitantes e, no momento do ultimato do governo do Daomé, só dois habitantes representavam a soberania portuguesa. Os dois tentaram queimar o forte, em lugar de o ceder aos atacantes. O governo português, aliás, ordenara ao único intendente da praça-forte, António Agostinho Saraiva Borges, que incendiasse o local antes de o abandonar, o que viria a acontecer antes da sua partida. Dentro do forte, o único meio de transporte era um Volkswagen Carocha. Foi o primeiro pedaço de terra portuguesa perdido por Salazar e revelou-se um drama insanável que abriria graves feridas na ordem do Estado Novo, para jamais ceder um ponto sequer da via colonial.

Em 10 de novembro desse ano horrível, um avião da TAP, a companhia de bandeira portuguesa, foi desviado, num voo entre Casablanca e Lisboa. Tratava-se da Operação Vago, clamorosa ação de luta e de protesto contra a ditadura de Salazar, o primeiro desvio de um voo comercial registado na história. No momento da descolagem, às 9h15, o tempo estava ótimo e as previsões falavam de uma hora e meia de viagem com toda a tranquilidade. Os passageiros do *Lockheed Super Constellation* eram dezenove apenas, em grande parte americanos, para além de sete membros da tripulação. O comandante era José Sequeira Marcelino, ás da aviação civil portuguesa, que na noite anterior jantara com a assistente de voo Maria Luísa Infante num estabelecimento noturno, Le Coque d'Or, assistindo a um espetáculo de dança do ventre. Porém, 45 minutos depois da decolagem, Marcelino sentiu o cano de uma pistola apontado à nuca. Um dos passageiros entrara na cabine de pilotagem, armado. Chamava-se Hermínio da Palma Inácio e consigo estavam mais cinco antifascistas, dentre os quais Fernando Vasconcellos e sua mulher Helena Vidal, grávida. Os sequestradores serviram-se da aeronave para distribuir 100 mil panfletos antissalazaristas, que pretendiam instigar a revolta. Um mês antes, em 10 de outubro de 1961, o Ministério dos Negócios Estrangeiros soubera pela Embaixada de Portugal em Rabat que homens ligados a Henrique Galvão estavam a preparar para o dia 13 desse mês um assalto a um avião da TAP em Casablanca ou em Tânger. A informação foi transmitida à PIDE e ao então diretor da TAP. O comandante José Sequeira Marcelino foi encarregado de adotar as medidas de proteção tidas como oportunas, em colaboração com a polícia internacional e a força aérea portuguesa. A tripulação do voo foi reforçada e armada, além de escoltada por paraquedistas armados, que se sentaram à porta da cabine de pilotagem. Mas não foi o suficiente. O avião solicitou a aterragem em Lisboa, mas, ao atingir uma baixa altitude, voltou a subir e seguiu então para o Barreiro, Setúbal, Beja e Faro, voando o mais baixo possível, soltando no ar milhares de folhas de propaganda pelas janelas de emergência. O chefe de cabine e duas assistentes ajudaram a que os panfletos chovessem do céu. Só no regresso a Tânger os outros passageiros se aperceberam do desvio, embora tivesse disparado o alarme aéreo e marítimo. No fim, depois de três horas e meia, todos brindaram com o champanhe que havia na aeronave. Palma Inácio e os restantes conseguiram chegar ao Brasil. Trinta e sete anos depois, em 1998, Palma Inácio e Marcelino reencontraram-se, por iniciativa da revista *Visão*. Ao responsável pelo desvio foi atribuída uma pensão por méritos extraordinários, com a Revolução dos Cravos.

E houve uma partida, uma estúpida partida levada a cabo com o automóvel blindado de Salazar. Pior não podia acontecer ao inquilino de São Bento naquele ano tão desafortunado.

Em 4 de dezembro de 1961, foi encenada a grande fuga de oito militantes comunistas da cadeia de Caxias. Ao grito do preso comunista José Magro, que passou 21 anos nas prisões fascistas e 29 anos na clandestinidade, os presos, durante a hora de recreio, conseguiram em poucos segundos apoderar-se do carro do presidente do Conselho, momentaneamente estacionado no pátio do estabelecimento prisional. Eram 9h34, faltavam cinco minutos para o fim do intervalo. Os guardas, apanhados de surpresa, não foram capazes de reagir. A viatura arrancou disparada rumo ao portão de ferro, arrombou-o, saiu da cadeia e entrou na autoestrada para Lisboa. Em apenas 65 segundos, a proeza, preparada com intensidade e audácia, tinha sido concretizada.

Porém, o golpe infernal ao desígnio conservador de Salazar tem lugar em 17 de dezembro de 1961, com a Operação Vijay (Vitória) do exército indiano, que levou à ocupação de Goa, a Roma do Oriente, a flor na lapela da civilização portuguesa na Ásia. Foi a certidão de morte da Índia Portuguesa que, além de Goa, compreendia Damão e Diu e os enclaves de Dadrá e Nagar Aveli. Se a Índia alcançou a independência da Grã-Bretanha em 1947, só a tiro conseguiu recuperar os territórios portugueses. Em 1954, tomara Dadrá e Nagar Aveli utilizando voluntários da frente de unificação com a Índia, dentre os quais Francis Mascarenhas, Viman Sardesai e outros. No ataque ao pequeno posto de polícia, criaram o primeiro mártir da descolonização, o subchefe Aniceto do Rosário. Com sua morte, a bandeira indiana ondulava na manhã seguinte sobre Dadrá. Às oito horas da noite de 28 de julho de 1954, um grupo de voluntários conquistou a modesta vila de Naroli, onde os portugueses se renderam sem derramamento de sangue. Depois, foi a vez de Silvassa, onde o administrador de Nagar Aveli, o capitão Virgílio Fidalgo, chefiando 150 polícias, fugiu para Khanvel. Em 2 de agosto, os territórios de Dadrá e Nagar Aveli foram libertados. Em 15 de agosto de 1955, um sólido grupo de ativistas indianos desarmados irrompeu no território de Goa, onde alguns deles foram mortos às mãos dos oficiais portugueses. Um ato de força sem reconhecimento internacional que, de qualquer forma, travou as pretensões expansionistas de Nova Deli em relação a Goa, graças também à mediação norte-americana. Porém, não passava de um adiamento. No ano horrível, também Goa foi engolida pela grande mãe indiana, perdendo o título de Padroado Cristão do Oriente, dirigido por jesuítas. Salazar nunca aceitou uma negociação com Nova Deli porque, na sua opinião, a Índia Portuguesa era mais antiga do que qualquer outra nação da região e, sobretudo, porque Goa não sentia necessidade de ser libertada. Depois de uma longa batalha jurídica, arrancou em 17 de dezembro a Operação Vijay, que ficaria concluída em apenas 36 horas. O ataque propriamente dito teve início à meia-noite com carros de combate, infantaria, artilharia, tropas aerotransportadas, uma vaga de 45 mil soldados, mais 25 mil de reserva. Os caças-bombardeiros reduziram ao silêncio as emissões radiofônicas de Goa e aterraram então no aeroporto sem depararem com resistência. O único navio militar presente no porto, o velho *Afonso de Albuquerque*, foi atacado pelo cruzador indiano *Misuri*, apoiado por cinco navios de guerra. Respondendo ao fogo, os portugueses sofreram baixas e o capitão António da Cunha Aragão ficou gravemente ferido. Embora os europeus tivessem minado as pontes, os indianos invadiram em massa o território, em 19 de dezembro, matando 24 militares portugueses. Os indianos mortos foram 22. Manuel Vassalo e Silva, 128º e último governador-geral da Índia Portuguesa, rendeu-se, salvando assim muitos dos 30 mil soldados dispostos contra os invasores, superiores em meios e homens. Sua decisão também evitou vítimas entre os civis. De nada valeu a resolução solicitada por Lisboa à ONU. Depois de 451 anos, caía para sempre a Índia Portuguesa. Todavia, para justificar uma resistência tão débil, Vassalo e Silva, nove oficiais e um sargento foram demitidos do exército e cinco oficiais, reformados (foram depois reabilitados com a Revolução de 1974).

Nem sequer houve tempo para brindar ao ano horrível que estava de saída, pois na noite de 31 de dezembro foi assaltado o quartel-general do terceiro regimento de infantaria em Beja, no Alentejo, obra de um grupo de soldados chefiados pelo capitão João Varela Gomes e que incluía o major Manuel Pedroso Marques, os capitães Eugénio de Oliveira e Jaime Carvalho da Silva, o tenente Francisco Brissos de Carvalho e um grupo de civis, dentre os quais Manuel Serra, Fernando Piteira Santos e Edmundo Pedro. O movimento inspirava-se em Humberto Delgado. Considerado o novo Delgado, o capitão Varela Gomes, sempre de charuto entre os lábios, era uma figura popular dentro e fora do exército. No momento do assalto, às horas iniciais do primeiro dia do ano, o major Calapez respondeu ao fogo, atingindo Varela Gomes. O capitão Carvalho da Silva deixou escapar a oportunidade e permitiu que os homens do regimento dessem o alarme. Em pouco tempo, as forças da Guarda Nacional chegaram ao posto e iniciaram uma troca de fogo com os assaltantes. Dentre os recém-chegados, figurava também o subsecretário de Estado do Exército, o tenente-coronel Jaime Filipe da Fonseca, que foi atingido mortalmente. Quando outros regimentos se dirigiram ao posto, já a Guarda Nacional assumira o controlo da situação. Os assaltantes tinham-se posto em fuga: três dos organizadores foram detidos pouco depois em Tavira, os outros presos na unidade militar de Beja. Delgado, que entrara clandestinamente em Portugal, pronto para apoiar a revolta, conseguiu fugir a tempo. A operação, que deveria seguir a lógica de um golpe, revelou-se um improviso. O projeto era apoderarem-se das armas e

114

distribuírem-nas pela população, para rumarem a Évora e depois a Lisboa, mas o insucesso foi evidente.

Varela Gomes ficou gravemente ferido, sofreu a extração de um rim e do baço, sobreviveu e apresentou-se diante do Tribunal Plenário da PIDE, fazendo um discurso inflamado que não lhe valeu sequer uma redução de pena, pelo que se tornou o primeiro oficial condenado por se opor à guerra colonial. Preso durante seis anos e expulso do exército, sua fragilidade física continuava a exigir cuidados médicos especiais, mas não perdeu a tenacidade, nem sequer com a chegada da Revolução de 1974. Depois do 25 de abril, foi reintegrado no posto de coronel, tornando-se uma das figuras cimeiras da esquerda do Movimento das Forças Armadas. Em 1975, foi obrigado a exilar-se, por ter participado noutra tentativa de golpe em novembro desse ano, quando recebeu um aviso de captura. Anos depois, regressaria a Portugal, conseguindo anular o mandado de detenção, embora tivesse tido de esperar muito tempo até poder regressar às Forças Armadas.

O assassínio de Delgado

Foi um dos pontos mais baixos atingidos pelo regime: o assassínio, em 1965, de Humberto Delgado e da sua secretária brasileira, Arajaryr Moreira de Campos, quando se encontravam nas proximidades da linha de fronteira entre Espanha e Portugal. Chegados a Espanha por Marrocos, via Ceuta, tinham-se fixado em Badajoz, a meros seis quilômetros da fronteira, numa pequena pensão perto da estação ferroviária. Delgado adquiriu dois bilhetes para Sevilha, para 15 de fevereiro. Porém, na manhã de 13 de fevereiro, e com o intuito de o interceptar, cruzou a fronteira em Villanueva del Fresno uma expedição da PIDE encabeçada pelo inspetor António Rosa Casaco, bem conhecido de Salazar, e composta ainda por Agostinho Tienza,

Ernesto Lopes Ramos e Casimiro Monteiro, que usaram passaportes falsos e um carro com matrícula adulterada. Junto da guarda fronteiriça apresentou-se ainda outro agente da PIDE, o qual disse às autoridades espanholas que os quatro agentes eram colegas que iam passar o fim de semana a Sevilha. Porém, os quatro estavam prestes a armar uma emboscada a Delgado. Um deles, Lopes Ramos, contatara o ex-general e marcara um encontro na zona da fronteira, apresentando-se como um advogado da oposição disposto a revelar-lhe um plano de ação contra a ditadura. Lopes Ramos encontrou-se com Delgado e Moreira de Campos em Badajoz na tarde desse dia, convidando-os a entrar num carro que iria para Villanueva del Fresno, onde teriam uma reunião secreta com oficiais portugueses ligados ao projeto conspirativo. No caminho, um segundo carro, com os restantes agentes da PIDE, pôs-se no encalço da viatura em que viajava o ex-general, o qual desconfiou e tentou reagir. A versão oficial foi que Delgado havia sido morto em legítima defesa, ainda que ele e sua secretária não estivessem armados. A ação policial, denominada Operação Outono, foi ordenada por Barbieri Cardoso, subdiretor da PIDE. Quem disparou sobre o general foi o agente da PIDE Casimiro Monteiro, que quatro anos depois seria também autor do homicídio de Eduardo Mondlane, fundador da Frelimo, e que se deu ao trabalho de estrangular também a assistente do general. Quando Salazar, que aprovara o assassínio de Delgado, se inteirou desse fato através do chefe da PIDE, Silva Pais, disse simplesmente, num estado de pânico: "Que maçada!". Algum tempo depois, ao aparecer na televisão, o ditador declarou que ignorava o envolvimento da polícia secreta no duplo homicídio e condenou as forças da oposição, acusando-as de terem organizado o atentado.

A PIDE achou que poderia manter os dois atrozes homicídios em segredo, ao ponto de ter ocultado os corpos. Em

23 de fevereiro, um colaborador de Delgado, Henrique Cerqueira, denunciou seu desaparecimento, bem como o da sua secretária. Foi o *The Observer* quem reconstruiu sua viagem a Espanha para uma missão secreta, destinada ao começo de uma revolta armada no vizinho Portugal. Foi também instituída uma comissão internacional de advogados e juristas, patrocinada pela Liga Internacional para os Direitos do Homem, para investigar seu desaparecimento. Em Lisboa, tentaram incriminar-se agentes do PCP pelo homicídio de Delgado, sem que houvesse provas. Descobriu-se que os quatro agentes portugueses tinham atravessado a fronteira em Villanueva del Fresno e regressado em 14 de fevereiro pela povoação de Rosal. Já em Lisboa, foram manipuladas todas as provas e destruídos os documentos encontrados na pasta de Delgado. Um juiz espanhol tentou, em vão, interrogar um certo agente português, António Gonçalves Semedo, uma vez que se apresentara aos guardas fronteiriços espanhóis com documentos falsos. Os cadáveres de Delgado e da sua secretária foram encontrados cerca de dois meses depois, perto da vila espanhola de Villanueva del Fresno, a cem metros um do outro, enterrados em covas escavadas à pressa, não muito longe da estrada para Olivença. O cadáver de Delgado tinha sido embrulhado num cobertor e amarrado. Alguns historiadores defendem que as autoridades espanholas sabiam do envolvimento da polícia secreta portuguesa e encenaram a descoberta dos cadáveres em decomposição por duas crianças locais. O ex-presidente do Brasil Jânio Quadros pediu autorização para uma investigação cabal ao duplo homicídio sob a égide das Nações Unidas, mas Salazar recusou, quase admitindo as responsabilidades portuguesas.

Na realidade, Delgado era então um perigo à solta para o regime. Do Brasil, seguira para a Argélia, hospedado por Ben Bella, e em 1964 fundara em Roma a Frente Portuguesa de

Libertação Nacional, declarando publicamente que a única solução para destituir o Estado Novo seria um golpe de Estado, ao passo que muitos outros expoentes da oposição desejavam uma abordagem de revolta nacional. Segundo a polícia secreta, Delgado estava prestes a mudar-se para Paris, para formar um governo no exílio. Em vez disso, instalou-se em Marrocos, onde atuava Henrique Galvão, o Robin Hood português, que fundara inclusivamente em Casablanca um centro de recrutamento de antifascistas e que contava com uma lancha rápida, capaz de atravessar o estreito de Gibraltar e chegar ao Algarve. Eis por que a PIDE decidiu agir a tempo. A verdade, também nesse caso, só viria à tona depois da Revolução de 1974.

A política colonial

Quando as colônias se revoltaram contra o vetusto poder português, Lisboa viu-se impreparada para enfrentar uma revolta tão vasta: depois da eclosão da questão angolana em 1961, reprimida com sangue, a situação agravou-se a partir de janeiro de 1963 na Guiné (onde operava o PAIGC, Partido Africano para a Independência da Guiné e de Cabo Verde) e em Moçambique em setembro de 1964 (obra da Frelimo).

Em tantos anos de ocupação, Portugal não promovera a resolução dos problemas sociais nas colônias: os nativos não gozavam de direitos, não falavam corretamente o português, não eram alfabetizados e estavam excluídos da cidadania, essa condição reservada a poucos: maiores de idade que mantivessem uma família monogâmica, exercessem uma profissão, falassem português e possuíssem bens suficientes, a começar pelo vestuário. O Estatuto dos Indígenas dividia os habitantes em duas categorias: os nativos e os assimilados, sendo os primeiros considerados "indivíduos de raça negra" aos quais estava vedada "a integral aplicação do direito público e privado dos cidadãos portugueses", e os segundos, integrados na sociedade colonial por terem tido "um comportamento correto" ou por terem prestado "serviços tidos como notáveis ou relevantes para a pátria portuguesa". Tratava-se de uma exígua camada de privilegiados, escolhidos pelos governadores, uma espécie de apêndice da burguesia europeia, cujos interesses deveriam defender, desenvolvendo também uma ação de intermediação entre a administração colonial e os nativos. Por exemplo, aprender português era quase impossível (em Angola e na Guiné, 99% da população local era analfabeta), as únicas escolas abertas aos indígenas eram as das missões — uma a cada 1236 quilômetros quadrados em Angola —, frequentadas por 40 mil crianças. Se se entrasse na categoria dos assimilados, embora permanecendo numa condição de discriminação declarada ou dissimulada, podiam-se inscrever os filhos na escola primária oficial, na secundária e nas universidades da pátria (não existiam nas colônias, apesar de um projeto dos anos 1960 para Luanda e Lourenço Marques) ou podia-se ser contratado pela administração pública. Nos anos 1950, a população indígena de Angola equivalia a 96,7% do total, em Moçambique a 98,4%. Nos anos 1960, só 1% da população gozava da classificação de assimilados. Na Guiné, apenas 0,29%, em 1950.

Era algo que permitia que os patrões europeus usufruíssem do sistema de trabalho forçado que era imposto aos indígenas e que Marcelo Caetano, ministro das Colônias, apelidou eufemisticamente de "trabalho contratado".

No início dos anos 1950, quando se agravou o processo de independência em África, Portugal apagou através de uma alteração constitucional o nome "colônias", inventando a designação "províncias ultramarinas", uma maquilhagem linguística que não mudava a substância social. Ao mesmo tempo, foi criado o termo "lusotropicalismo", na tentativa de mascarar o aproveitamento e o racismo com uma hipotética "simbiose entre cultura europeia e civilizações locais". O colonialismo português não era abespinhado, como o britânico, por uma simples consideração: os colonos eram em grande parte de origem camponesa, 50% eram analfabetos e tinham ido para África com o único propósito de possuir um lote de terra, ocupando quiçá terrenos férteis antes cultivados pelos nativos. Apesar da suposta "multirracialidade", o Estatuto dos Indígenas e o Código do Trabalho Rural continuou a regular a sociedade colonial. Visto que 99,7% dos nativos não tinham direito de voto, apenas um africano tinha assento na Assembleia Nacional de Lisboa nos anos 1970, representante de São Tomé e Príncipe; o de Cabo Verde era de origem europeia e dirigia o partido político fascista da colônia; os representantes de Angola, Moçambique e da Guiné eram também eles europeus, com estreitas ligações às companhias coloniais. Três fantoches africanos faziam parte da delegação portuguesa nas Nações Unidas.

Com o agudizar-se das hostilidades e a necessidade de proteger os colonos, os portugueses viram-se obrigados a aumentar os contingentes armados, que chegariam às 120 mil unidades. Tratava-se da mais numerosa população armada de um país ocidental, excetuando Israel. Salazar recorreu então ao uso de capital estrangeiro para dar continuidade ao regime colonial. Entre os dados mais significativos, calcula-se que 70% da produção mineira estivesse em mãos estrangeiras. Em Angola e Moçambique, as multinacionais encontraram campo aberto graças ao trabalho contratado, uma espécie de trabalho forçado para os nativos. A renda e os proveitos que as sociedades entregavam ao Estado permitiam sustentar o aumento das despesas militares. Algumas sociedades, como por exemplo a Companhia de Diamantes de Angola, participavam diretamente "na defesa de Angola". Outro dos sistemas de proteção adotados era o dos mercenários, que hoje se chamariam *contractors*. Sentindo-se inclinados a emigrar para outros países europeus, os portugueses renunciaram a integrar a população das colônias. Não correu bem a tentativa de deslocar os italianos expulsos da Líbia para Moçambique e Angola. E também de nada serviu a cooperação com o regime racista da África do Sul e com a Rodésia de Ian Douglas Smith. Ao assumir as funções de ministro da Defesa, Salazar tornou-se o líder da guerra, solicitou um ato público solene de apoio às províncias ultramarinas, mas só obteve uma imensa manifestação com 300 mil pessoas no Terreiro do Paço.

O sistema colonial, que estava a desmoronar-se em todo o lado, era para Portugal uma questão de sobrevivência da própria história e da própria economia, segundo o espírito do Estado Novo. O ambiente em Angola, Moçambique e na Guiné estava bastante tenso e era marcado pela violência. Os colonos, especialmente nas regiões interiores, viviam com a espingarda ao ombro. Quando se desencadearam as lutas de independência, a componente do ódio racial teve um forte peso de ambos os lados. Os brancos faziam do aproveitamento humano a razão da sua presença em África, os movimentos independentistas apostavam no renascimento do tribalismo e da intransigência em relação aos brancos. Em Angola, a população portuguesa estava completamente impreparada para um conflito, dado que, por causa da censura, tinha sido encoberta a proposta de independência avançada pelo MPLA (Movimento Popular de Libertação de Angola) já em 1960. Quando aumentou o número de jovens no serviço militar, com a duração de quatro anos, perante os primeiros protestos das famílias e das universidades, ficou a nu o nó colonial. Daí a pouco, todo o edifício do ultramar ruiria e, com ele, o mito do império. Para Augusto de Castro, foi "o último canto dos *Lusíadas*, escrito com o sangue e a fé de uma juventude que tinha atrás de si séculos de existência e revive ainda na sobrevivência de uma raça criadora de história".

Dos anos 1960 até 1974, as colônias equivaliam a 26% do orçamento público, dos quais 86% eram gastos nas Forças Armadas. Em 1970, 6,2% da população portuguesa estava empenhada na guerra. Em 1966, o Ministério das Finanças declarou que não podia fazer frente, na sua totalidade, aos pedidos do exército e da marinha, cuja magnitude ascendera a cerca de 200 mil homens, dos quais 113 mil colocados nas províncias ultramarinas (seriam 150 mil em 1974, no fim do regime ditatorial). Crescia, entretanto, o protesto tanto da Igreja como das universidades, pelo grande sacrifício humano que o conflito implicava. As salas das faculdades tornaram-se o núcleo da atividade antifascista, com manifestações, greves, panfletos promovidos pelo movimento estudantil, que englobava todos aqueles — dos comunistas aos católicos progressistas, dos socialistas aos social-democratas — que eram contrários ao regime e à ruína de uma geração inteira na inconsequente guerra colonial. Batendo-se contra o serviço militar obrigatório, os jovens sabiam que estavam a ir ao encontro de duras sanções, como a suspensão da atividade universitária, a vigilância da PIDE, a detenção, a prisão, o envio imediato para África. A contestação estudantil agravou também a frente interna, onde nasceram movimentos como a LUAR (Liga de Unidade e Ação Revolucionária), que se tornou artífice de clamorosos atentados. O PCP, por outro lado, criou a ARA (Ação Revolucionária Armada) que, na tentativa de sabotar a política colonial, organizou quinze operações armadas.

A guerra fendeu também o mundo católico, dividido entre a aceitação das diretivas pastorais e a aversão ao tratamento dispensado aos africanos, sujeitos a assassínios, torturas e bombardeamentos das suas aldeias. Em 1965, um grupo de sacerdotes moçambicanos aprovou o conteúdo do manifesto da oposição democrática. Seguindo o exemplo dos africanos, uma centena de católicos portugueses aderiu ao manifesto, ecoando as declarações do papa João XXIII, na encíclica *Pacem in terris*, favorável à autodeterminação dos povos. Uma parte do texto da encíclica foi cortada pela censura de Lisboa, o que mostra as divergências entre as hierarquias eclesiásticas portuguesas e o Vaticano.

Encontrará seiva nessa situação desastrosa o Movimento das Forças Armadas, que, em 1973, passará de uma simples ação de plataformas reivindicativas a uma organização antifascista. A gota que fez transbordar o copo foi o decreto-lei de julho de 1973 pelo qual o governo abria a possibilidade de acesso ao serviço permanente com apenas dois semestres de curso, desqualificando aqueles que após o ensino secundário se tinham visto obrigados a entrar na academia militar por quatro anos. A gravidade da crise africana e a degradação da vida política na pátria levaram à Revolução dos Cravos, que em 25 de abril de 1974 decretou o fim do regime liderado inicialmente por Salazar e, depois, por Marcelo Caetano.

3.
O terror sutil

Tal como a trindade celeste, o poder salazarista assentava numa pirâmide, no cume da qual estava o ditador, com d. Maria a seu lado, uma espécie de Nossa Senhora virgem que dispensava ódio e amor com a potência de um anjo caído na terra. No sopé da pirâmide encontravam-se a PIDE, que controlava todos os organismos vivos do império, e a União Nacional, que geria todas as instituições e impedia o nascimento e o crescimento de uma oposição ao regime. Porém, nada disso puderam escrever os jornalistas do *Diário de Notícias*, encarregados de exaltar o percurso terreno do ditador moribundo. Suas investigações, no entanto, revelaram-se úteis, depois da Revolução dos Cravos, por permitirem definir a toponímia da repressão, desconhecida de grande parte dos cidadãos.

Salazar era a sombra do terror: não aparecia, não falava, nunca era visto, senão em raras ocasiões oficiais. Achava que a hipotética grande identidade euro-afro-asiática de Portugal seria mais importante do que tudo o mais. Era isso que justificava o terror e a repressão em nome da manutenção da unidade do imenso império. O regime tinha a incumbência de manter a civilização em regiões pagãs do planeta e Salazar, por mandato divino, desposando essa causa, e mantendo-se assim solteiro durante toda a vida, era o fruto de uma conjugação astral que o identificara como missionário do verbo civilizador.

A prática do terror, com fins políticos, também aliviava sua obsessão com o controlo total sobre as mentes humanas do mundo lusitano, "do Minho a Macau", como costumava dizer. Uma crueldade voluptuosa governava a pirâmide do poder, um sadismo quase subterrâneo. Apagava da memória os que desaparecessem, fossem parar à cadeia, mortos ou expulsos. Os que decidissem extraviar-se nas colônias tornavam mais viável sua respiração ofegante. Os que escolhessem o exílio marcavam uma distância do seu catálogo mental cada vez mais repleto de dados, como uma calculadora eletrônica. Nessa longa experiência de controlar as almas, vários tinham sido os pesos que tirara de cima de si: o general Humberto Delgado, assassinado em 13 de fevereiro de 1965 juntamente com sua secretária; o secretário-geral comunista Álvaro Cunhal, despachado para o frio de Moscou; o dirigente socialista Mário Soares, exilado — depois de ter passado doze vezes pelas prisões subterrâneas portuguesas — em São Tomé, acompanhado do inspetor Abílio Pires, "especialista em intelectuais", e expulso por duas vezes até decidir mudar-se para Paris em 1970; Henrique Galvão, confinado definitivamente ao calor brasileiro depois da questão do *Santa Maria*; Maria do Carmo Veiga, que ajudara Galvão a fugir do Hospital de Santa Maria em Lisboa, refugiada na Grã-Bretanha; Jaime Cortesão, escritor e historiador, várias vezes preso e expulso, que foi de novo para a cadeia no caso Delgado; o filósofo Agostinho da Silva, que se autoexilou no Brasil; António Ferreira Gomes, bispo do Porto, conhecido pelas críticas ao ditador, que ficou retido em Espanha em 1959.

Restava-lhe o tormento dos clandestinos, daqueles que imprimiam panfletos em tipografias escondidas, ou que dispensavam o verbo comunista nas fábricas, ou que, fugidos das cadeias ou safando-se da repressão, circulavam dentro das fronteiras nacionais com uma nova identidade. Esses deviam ser sistematicamente procurados, sentir na nuca a respiração da polícia especial, entrever em cada pessoa um possível delator. "Onde andará Lourenço, que fugiu de Peniche em 1958? Como se chamará agora?", interrogava-se na modorra. Sua firmeza não admitia derrogações, não contemplava a piedade, excluía indultos, pelo dever de mostrar que não existiam intocáveis nem impuníveis. De resto, estava oficialmente à margem daquilo que a polícia política armava: não declarava nada, não assinava nada, não emitia comunicados nem documentos, era impassível e impermeável, não tinha consciência daquilo que acontecia nas cadeias de Caxias ou Peniche. Mas a PIDE era um dos seus instrumentos de domínio sobre a população, pois não podia controlar tudo sozinho, como gostaria, alargando o espaço mental do modesto Vimieiro, em que todos se conheciam, às dimensões planetárias do império.

Sempre que agiu segundo suas ordens, a PIDE tivera a santa bênção do cardeal e amigo Cerejeira, que disse a respeito de Salazar: "Sua frieza esconde uma sensibilidade quase dolorosa, é um escudo de defesa" em relação à dureza das escolhas e ao peso das decisões. Salazar agia como a Santa Inquisição, era a mão de Deus pousada na Terra, era o indicador levantado da Igreja tradicional e do Estado imperial, perante quem pretendesse desestabilizar o mecanismo de certezas e o equilíbrio ideológico. Quando decidia atacar ou aniquilar alguém, fazia-o com fúria, sutileza, pudor e até uma pitada de ironia. "Vai fazer-lhe bem o clima de São Tomé, sofre de dores nos ossos", dizia sobre quem mandava para o campo de concentração do Tarrafal.

A organização repressiva

Eram mais de 20 mil os agentes da PIDE/DGS (assim lhe chamaria Marcelo Caetano a partir de 1969), entre inspetores, subinspetores, chefes de brigada, agentes, funcionários e técnicos, embora se tenha calculado que os colaboradores ascenderiam a 200 mil. As pessoas assassinadas e torturadas foram mais de

22,8 mil, em quase cinquenta anos de ditadura. A polícia especial fez sua primeira aparição em cena no país por ocasião da revolta militar do Porto, em 3 de fevereiro de 1927. O primeiro diretor foi o tenente Morais Sarmento, que mais tarde morreria em Angola. No decreto-lei constitutivo da PVDE de 1933, ano da instauração do Estado Novo, "a eficácia dos serviços de repressão dos crimes políticos e sociais" era considerada essencial para a nação e justificava-se assim "sua organização autônoma dos restantes serviços policiais". Um subsequente decreto-lei de agosto de 1933 fundia a Polícia de Defesa Política e Social com a Polícia Internacional. Como primeiro ato, em 3 de fevereiro do ano seguinte, a polícia especial deportou para os campos de trabalho em Angola e Moçambique algumas centenas de patriotas republicanos e militantes políticos. Para Salazar, tratava-se de "uma meia dúzia de cretinos". E acrescentava que os maltratados eram "terroristas".

O ditador só mudará a polícia especial com o fim da Segunda Guerra Mundial, instituindo a PIDE, com o decreto-lei de 22 de outubro de 1945. O organismo repressivo já não se limitava a mandar para a prisão de forma arbitrária os opositores: ficava habilitado à violação dos domicílios e da correspondência, a escutas telefônicas, ao controlo fiscal e à chantagem. Comentando seus próprios deveres, um dos chefes da PIDE, José Catela, dizia-se convencido de que só existiam duas pessoas que não podia prender, o presidente da República e o presidente do Conselho. Enquanto organismo autônomo, a PIDE foi autorizada a prolongar a prisão preventiva até seis meses. Bastava uma simples denúncia, mesmo que infundada, para se passar pelo menos três meses a ser apertado pelos perseguidores. Dizia-se em Lisboa que um "assopro" valeria pelo menos duzentos dólares, preço irrisório quando comparado com outras informações mais prementes, como a morada de um clandestino. As cadeias de Caxias, Peniche e Aljube encheram-se de antifascistas verdadeiros ou presumidos. A sede da PIDE/DGS, no número 22 da rua António Maria Cardoso, cujo nome de código era Moscou, tornou-se o local mais famigerado da capital. Quem lá entrava não sabia quando sairia nem se sairia. Aos interrogatórios, acompanhados de violências físicas e psicológicas, seguia-se muitas vezes o processo, chamado Plenário, instruído por um tribunal que era uma emanação da própria PIDE e agia com base na "segurança do Estado". As sentenças revestiam-se de um caráter temporário ou permanente, por um tempo indeterminado entre os seis meses e os três anos, prorrogáveis por mais três anos de prisão. Um Estado dentro do Estado...

Naturalmente, os agentes da PIDE eram escolhidos a dedo. Tinham de frequentar a Escola Técnica, em Sete Rios, onde aprendiam a fazer investigações, a espiar, a perseguir, a prender e a torturar. Porém, curiosamente, também se ensinava na Escola Técnica os métodos, as armas ideológicas, os mitos do inimigo. Eram inclusivamente estudados os livros das teorias marxistas-leninistas, para se perceber o que pensava um opositor do Estado. E, ao mesmo tempo, os futuros agentes tinham de aprender os fundamentos do Estado Novo pelos volumes *Política de Salazar, Ultramar e Oriente, História do padroado português.* Criada pelo primeiro diretor da PIDE, Agostinho Lourenço, a escola pressupunha a frequência obrigatória do curso elementar de preparação, a fim de entrar para as fileiras efetivas. Sob a égide do diretor Castro Silva, os cursos dividiam-se em vários ramos de aperfeiçoamento, conforme os postos dos agentes. Um deles respeitava às técnicas de tortura, nas quais alguns agentes se tornaram verdadeiros especialistas.

Em 1937, Mussolini enviou uma missão italiana a Portugal, composta pelo comandante Leone Santoro e pelo comissário Ugo Magistrelli, cuja tarefa era formar os oficiais encarregados da compilação dos ficheiros, da elaboração dos arquivos e da vigilância dos suspeitos dentro do território e junto das fronteiras.

As primeiras admissões

A capa de silêncio que pairava sobre a PIDE foi fintada pelo capitão Fernando Queiroga, militar antissalazarista, que em 1958 publicou na editora brasileira Germinal o livro *Portugal oprimido: Subsídios para a história do fascismo em Portugal*. Queiroga conta a experiência que viveu na cadeia de Peniche e na colônia penal do Tarrafal. Exilado no Brasil, teve a possibilidade de revelar a crueldade desumana da polícia portuguesa. Numa entrevista concedida em 1958 ao jornal *O Semanário*, o então ex-capitão foi mais longe, afirmando que os altos dignitários da Igreja portuguesa eram contrários ao regime terrorista implantado por Salazar. Deduzira essa posição de uma carta que o arcebispo do Porto, d. António Ferreira Gomes, escrevera ao primeiro-ministro denunciando o fato de a Igreja estar a perder a aprovação dos filhos melhores. Mas, como sabemos, a continuação da história não levou a uma separação entre o Estado Novo e a hierarquia eclesiástica de Lisboa. Dos arquivos, só vem a lume uma carta que um grupo audacioso de católicos enviou a Salazar no dia 1º de março de 1959, pedindo uma resposta ao capitão Queiroga: "Ou é tudo falso e as leis internacionais permitem chamar autores e editores às suas responsabilidades ou uma parte, porventura ínfima, dos casos graves é verdade e, logo, o povo português precisa de um esclarecimento".

Já em 1957, um comunicado da Comissão Internacional de Justiça, organismo integrado na ONU, denunciava anomalias nos estatutos jurídicos portugueses e o poder excessivo da polícia política, citando o caso de dois homens mortos no decurso de interrogatórios realizados pela PIDE do Porto. Quando a repressão levava à morte de um perseguido político, punha-se o problema de o comunicar aos familiares. As conversas diretas com os parentes eram assim acompanhadas de lacônicos comunicados transmitidos aos jornais. No *Diário de Notícias*, na seção "Pela Cidade", surge no dia 1º de agosto de 1958 o seguinte anúncio com o título "Morte Repentina": "Morreu repentinamente na via pública Raul Alves, de 44 anos, soldador, residente em Vila Franca de Xira. O corpo foi levado para o Instituto de Medicina Legal". Furtando-se à vigilância, algumas pessoas conseguiram abrir o caixão do morto e verificaram que Alves tinha a parte superior do crânio esmagada. Descobriu-se que, poucos dias antes, os vizinhos da sede da PIDE tinham ouvido um grito lancinante e visto um homem cair da janela da parte esquerda do edifício, estatelando-se no chão. O advogado francês M. Supervielle, junto do Tribunal da Relação de Paris, também se interessou pela situação dos direitos políticos dos presos portugueses, encontrando-se com várias pessoas em Lisboa. O número 31 da revista da Associação Internacional dos Juristas Democráticos refere a famosa tortura da estátua, em que os presos eram obrigados a ficar de pé vários dias e noites e, ao mínimo sinal de fraqueza, eram sovados. "O arguido Hernâni Silva" escreveu o jurista francês,

sofreu a condição de estátua durante sete dias e sete noites consecutivos. Dinis Fernandes Miranda, de 27 anos, agricultor do Alentejo, foi torturado: as narinas e o maxilar despedaçados e os genitais torcidos até desmaiar. O mais novo dos arguidos, José Seabra, que tinha dezessete anos aquando da detenção, e com quem me encontrei em casa de um médico, mostrou-me os golpes que sofreu nas costelas durante cinco dias e cinco noites de estátua.

Com Salazar morto-vivo e Marcelo Caetano no poder, abriu-se uma brecha depois da constituição, em 29 de dezembro de 1969, da Comissão Nacional de Socorro aos Presos Políticos, composta por 48 membros. As finalidades da Comissão, que pela primeira vez trouxe a lume a questão dos presos políticos, eram fundamentalmente três, como se lê no estatuto: chamar a atenção do governo e do país para os graves problemas ligados à situação dos presos políticos em Portugal; proclamar a necessidade de assumir essa situação, para a proteção dos indivíduos e para a sua libertação; ajudar de todas as formas legais possíveis os presos e suas famílias. Em 27 de março de 1970, a Comissão escreveu uma carta a Caetano a solicitar esclarecimentos acerca do caso da presa Bela Laurinda Jesus Santos Silva, sujeita a torturas em Caxias. Em outubro de 1970, pediu informações sobre os maus-tratos sofridos por três presos em Peniche e foi efetivamente aberto um inquérito que, todavia, não deu em nada, pois as únicas declarações foram as da direção da cadeia e da Direção-Geral dos Serviços Prisionais.

O intuito da Comissão era tornar públicas as condições de alguns presos, mas os órgãos de informação tradicionais estavam sujeitos à censura, designada por Caetano como "exame prévio", negando assim qualquer possibilidade de se difundirem notícias sobre os políticos encarcerados. Os promotores da Comissão — Nuno Teotónio Pereira, Maria Eugénia Varela Gomes, Cecília Areosa Feio e Maria Natália Teotónio Pereira, os advogados José Augusto Rocha, Levi Baptista, Manuel João da Palma Carlos e Mário Brochado Coelho e outros — utilizaram a frágil base legal do artigo 199º do Código Civil, relativo aos planos de socorro e beneficência, sob a condição de que recolhessem fundos próprios, algo que a Comissão observou escrupulosamente até ao fim do regime. Em quatro anos de atividade, a Comissão publicou 23 comunicados dando notícias sobre os presos, as práticas de tortura, os processos, as penas aplicadas, as condições de detenção, a ajuda às famílias e a recolha de fundos para os filhos dos presos, como aconteceu em 1972 e 1973.

O campo de concentração em Cabo Verde

Para contar com uma estrutura permanente, longe de olhares indiscretos e dos familiares dos presos, a polícia especial criou a colônia penal do Tarrafal, em Chão Bom, na ilha de Santiago, em Cabo Verde, como refere um decreto-lei de 23 de abril de 1936. Era uma espécie de Ilha do Diabo, a famigerada penitenciária da Guiana Francesa. No artigo 2º do decreto, lê-se que a estrutura se destinava a "presos por crimes políticos que devam cumprir a pena de desterro ou que, tendo estado internados em outro estabelecimento prisional, se mostrem refratários à disciplina deste estabelecimento ou elementos perniciosos para os outros reclusos". A escolha do local deveu-se à sua insalubridade.

Em 18 de outubro do mesmo ano, partiram de Lisboa os primeiros 152 reclusos, 37 dos quais membros do movimento "18 de janeiro de 1934", que tinham participado na revolta contra o regime, bem como outros marinheiros participantes de uma rebelião em 18 de setembro de 1936. Chegaram a Santiago depois de onze dias de navegação a bordo do navio *Luanda* da Companhia Colonial de Navegação, no qual viajava também uma brigada da PVDE, comandada por Gomes da Silva, destinada à gestão e vigilância do campo, e o primeiro diretor, o capitão Manuel Martins dos Reis.

Os primeiros reclusos foram obrigados a viver em tendas, de sete por quatro metros, com doze camas, numa extensão de terra vedada com arame farpado sustentado por paus de madeira. O único edifício de pedra era a cozinha. Coube então aos reclusos a tarefa de erigir as estruturas do campo e de escavar dois fossos em volta, para o isolar e impedir as fugas. Os primeiros barracões construídos foram os destinados aos oficiais e aos suboficiais, aos guardas e ao posto médico. Dois anos depois, também os presos receberam alojamentos de tijolo, grandes casernas com cerca de trinta metros de comprimento e quinze de largura. O primeiro médico oficial do campo só chegou à ilha de Santiago em 1938, chamava-se Esmeraldo Pais Prata e ficou de serviço até 1954. Sua divisa era muito simples e explícita: "Não estou cá para vos curar, mas para emitir vossas certidões de óbito". O contingente de vigilância era composto por 25 agentes da PVDE e por outros 75 guardas auxiliares angolanos. "O campo da morte lenta": assim era designado o Tarrafal pelo total isolamento da pátria e dos habitantes locais, pela escassa alimentação, pelas condições higiênicas, pelas doenças infecciosas, pela desidratação e pelos maus-tratos sofridos pelos reclusos.

A vida dos presos políticos internados no Campo de Trabalho de Chão Bom decorria sob o signo da condenação ao isolamento e à "morte" lenta nas suas várias modalidades: civil, política, ideológica e, talvez, por que não dizer, física, atendendo às condições materiais do rigor disciplinar, da vivência prisional e das deficientes condições de assistência sanitária que caracterizavam a panóplia repressiva daquele campo,

escreveu Victor Barros no livro *Campos de concentração em Cabo Verde: As ilhas como espaços de deportação e de prisão no Estado Novo*, de 2009.

Esconder dos olhos das pessoas os opositores sem os assassinar foi a forma engendrada para não alarmar demasiado a opinião pública. O fato de um perseguido poder escrever uma carta para casa, ainda que fiscalizada pela censura, testemunhava sua existência e, segundo o regime, sua potencial reintegração na sociedade. O Tarrafal povoou-se de imediato de opositores socialistas, comunistas, anarquistas, social-democratas ou simplesmente de sindicalistas, pacifistas, intelectuais e simpatizantes da República Espanhola na luta contra os nacionalistas de Francisco Franco. Com base na normativa vigente, bastava à polícia política uma sombra de desconfiança para enviar para o campo os opositores culpados, não tanto de terem cometido um crime, mas daquilo que podiam fazer contra o regime. A competência da colónia penal civil foi atribuída ao Ministério do Interior e não ao Ministério da Justiça. A transferência e a custódia dos reclusos cabiam à PVDE e não à magistratura. O Tarrafal transformou-se numa espécie de feudo do Ministério do Interior, gerido diretamente pelo seu poderoso braço armado, a PVDE. Como é óbvio, nem o Ministério das Colónias nem o governador de Cabo Verde tinham jurisdição sobre o estabelecimento prisional, do qual só sabiam que existia e nada mais. Cabia à marinha militar e ao Ministério das Colónias a função do transporte dos presos.

A mais pequena e temida estrutura do campo de concentração chamava-se, um pouco sadicamente, "Frigideira" ou "Torradeira", uma "malvadez humana", "o momento máximo da encenação real do exercício da violência física e política sobre os condenados", acrescenta Barros. Era uma pequena estrutura de cimento (três por três por três metros) com uma porta de ferro blindada, afastada das demais construções, sem uma árvore à volta, exposta ao sol durante todo o dia. Dividia-se em duas celas com uma pequena abertura gradeada colocada por cima das respectivas portas de acesso. No interior de cada cela só havia dois recipientes, um com água e o outro para as necessidades fisiológicas. De dia, o calor era asfixiante; à noite, o pequeno espaço enchia-se de mosquitos e outros insetos que atormentavam os presos. Água e pão eram distribuídos em dias alternados, mesmo durante longos períodos. Houve reclusos que passaram um mês e meio dentro daquela fornalha. Só eram retirados de noite, uma vez a cada vinte dias, para lhes ser cortada a barba, sendo então imediatamente reenviados lá para dentro.

Só a partir de 1940 e até 1943, com a chegada do novo diretor, o capitão José Olegário Antunes, é que as condições de vida dos reclusos melhoraram. Antunes, aliás, permitiu que os presos lessem livros e jogassem futebol, aumentou as doses de comida e os cuidados médicos, entregou medicamentos provenientes das famílias, limitando a casos extremos o castigo na "Frigideira". Depois dele, em janeiro de 1943, chegou à ilha o capitão Filipe de Barros, que aliviou ainda mais as malhas da detenção, permitindo que os reclusos lessem os livros enviados pelas famílias, anteriormente confiscados, ao ponto de ser aberta uma biblioteca propriamente dita na cadeia. Nesse espaço, foram também organizados cursos de música, de guitarra e de fado, e ensaiados espetáculos teatrais que seriam depois representados diante de todos os reclusos e dos guardas prisionais. Era até permitido ouvir os programas radiofônicos da emissora nacional, mantendo-se os presos a par do que estava a acontecer na pátria. Porém, em 1944, uma inspeção, obviamente mantida em segredo, alertou para a proliferação de doenças, em particular a tuberculose. Lê-se no relatório que os condenados a trabalhos forçados atingidos pela tuberculose recebiam uma injeção de ergotina de duas em duas semanas e uma de cálcio uma vez por ano. Imperavam, assim, a febre paludosa e o reumatismo, numa situação que o clima também tornava desumana.

Graças a uma anistia, no final da Segunda Guerra Mundial, em outubro de 1945, 110 internados foram libertados e mandados de volta para a Europa. Ficaram em Chão Bom 52 reclusos até 26 de janeiro de 1954, data em que a estrutura foi desocupada, embora provisoriamente apenas. No campo de concentração do Tarrafal, num total de 340 presos políticos internados, 32 perderam a vida. O primeiro foi o marinheiro

Francisco José Pereira, falecido em 1937, e o último foi António Guerra, em 1948. Dentre eles, também se contaram Bento Gonçalves, secretário-geral do PCP, que morreu de doença em 11 de setembro de 1942, e Mário Castelhano, último coordenador do secretariado da Confederação Geral do Trabalho, que morreu de febre intestinal em 12 de outubro de 1940. Existiram durante muito tempo no cemitério do campo 33 túmulos. Um era de Artur Santos Oliveira, um criminoso comum que morreu no campo. Só em 1978 foram trasladados para a pátria os despojos mortais, tendo sido sepultados no Mausoléu Memorial do Tarrafal, criado no Cemitério do Alto de São João, em Lisboa.

O Tarrafal reabriu em 1961, através da Portaria no 18 539 de 17 de junho, assinada por Adriano Moreira, o então ministro do Ultramar, como campo de trabalho de Chão Bom para os rebeldes que lutavam pela independência das colônias. Foram também criados campos de concentração para os militantes anticoloniais em Missombo e São Nicolau, em Angola, em Machava e Mabalane, em Moçambique, e na Ilha das Galinhas, na Guiné. O campo de trabalho de Chão Bom foi considerado um inferno, por causa do ajuntamento dos reclusos — em relação ao período anterior —, obrigados a regimes duríssimos de detenção, malnutridos e pouco ou nada tratados. Em vez da mortífera "Frigideira", entrou em funções a "Holandinha", uma cela mínima, de noventa por noventa centímetros, com 1,65 metro de altura, construída perto das cozinhas: nela confluíam o calor do sol e dos fornos, e no seu interior não era possível uma pessoa mexer-se nem ficar de pé. A palavra "Holandinha" foi inventada pelos presos, aludindo ao fato de muitíssimos cabo-verdianos emigrarem para os Países Baixos, procurando uma melhor qualidade de vida.

Depois de treze anos de funcionamento, a Revolução dos Cravos de 25 de abril de 1974 levará ao fecho do campo do

Tarrafal. A data oficial é 1º de maio, quando os reclusos africanos foram todos libertados. Nesses treze anos, foram encarcerados 238 combatentes da luta pela independência das colônias portuguesas: 108 angolanos, vinte cabo-verdianos, cem guineenses e dez de outras possessões. Entre eles, Amílcar Cabral, o herói da independência de Cabo Verde e da Guiné-Bissau; José Luandino Vieira e António Jacinto, poetas angolanos, membros do Movimento Popular de Libertação de Angola. Jacinto, como testemunho da sua dura prisão no campo, escreveu uma coleção de poemas intitulada *Sobreviver em Tarrafal de Santiago*. O campo do Tarrafal foi, ainda assim, utilizado até 1975 pelas autoridades independentes de Cabo Verde para prender pessoas tidas como cúmplices do aparelho repressivo colonial.

Nas entranhas da cadeia de Caxias

Voltei a Caxias pela primeira vez depois daquela terrível descoberta que fiz em 1974, quando fui um dos primeiros estrangeiros a penetrarem nas entranhas da cadeia mais famigerada do regime português. Existe hoje uma placa no jardim à frente da prisão, com a seguinte inscrição:

*Hei-de passar nas cidades
como o vento nas areias
e abrir todas as janelas
e abrir todas as cadeias.*

São palavras escritas pelo poeta Manuel Alegre para a fadista portuguesa Amália Rodrigues e para a brasileira Maria Bethânia.

A 45 anos do vento de liberdade que sacudiu a Europa, recordo agora esse dia em que visitei a prisão da PIDE acompanhado por Vítor Neto e Manuel Carvalheiro, então dirigentes do PCP. Havia um certo contraste entre a amplidão infinita no céu de Caxias, beijado pela imensidão do oceano, e a possante imagem do forte.

Um jovem soldado de cabelo comprido enfiado debaixo do barrete, com a pala levantada à frente e atrás, acompanhou-nos pelos longos corredores com as celas, o parlatório, mostrou-nos os centros de tortura e acompanhou-nos, por fim, a uma escada estreita e comprida que conduzia aos pisos subterrâneos do estabelecimento prisional. De repente, abriu-se diante dos nossos olhos uma espécie de lago subterrâneo, uma imensa piscina de água da qual despontavam pilares que suportavam o teto de tijolo, aqui e ali. Em cada pilar de cimento cravavam-se umas argolas metálicas. Havia até um barco de borracha que servia, evidentemente, para vigiar as pessoas que eram acorrentadas aos pilares, mergulhadas na água até ao pescoço, obrigadas a permanecer acordadas para não morrerem afogadas. Como escreveu Armando Baptista-Bastos, dias depois do 25 de abril de 1974: "Falo-vos de uma máquina de bestialização articulada em nome de uma ideologia como pretexto adequado. Aqui, o caráter recíproco do respeito entre os homens foi ferozmente destruído. Quem cá entrava era submetido a interrogatórios e insultos, via sua vida inteira devassada".

Nos pisos superiores, visitamos as salas de interrogatório a que os agentes da PIDE chamavam *suítes*, com uma mesa, uma cadeira e um banco, uma cama e uma sanita. As torturas começavam quase sempre de manhã. A pessoa capturada não sabia sequer o motivo da detenção: segundo os médicos, era um choque psicológico. A detenção não era comunicada aos familiares, os quais só podiam presumi-la. Era proibido ler livros e jornais, pelo menos nos primeiros dias. Os únicos contatos eram com os carcereiros, os quais não podiam falar com os detidos. Os interrogatórios eram conduzidos por quatro pessoas, um inspetor, um chefe de brigada e dois agentes que, por vezes, se alternavam. Cada qual brincava a desempenhar um papel diferente perante o preso: um era o bom, outro era o mau, outro ainda era o indiferente e o último era o chefe que observava quaisquer alterações no detido, procurando interpretá-las. Porém, o objetivo era vulgar: levar à assinatura de uma declaração já preparada, em que o interrogado confessava vários crimes ou denunciava outras pessoas ligadas à atividade subversiva. Mantinha-se o preso acordado pedindo-lhe continuamente que se levantasse, que passeasse pela sala, enquanto os agentes abriam de súbito uma gaveta, deixando cair moedas em cima da mesa, batiam nele, administravam drogas, obrigavam-no à posição da estátua ou a manter os braços abertos, como se estivesse crucificado. A presença médica só era assegurada em caso de tortura mais violenta que comportasse estados de amnésia ou delírio, alucinações, problemas urinários ou cardiovasculares. Nesses casos, a tortura física dava azo a fraturas ou equimoses, tratadas no local. A ameaça era a de obrigar o detido a seis meses de prisão preventiva, acompanhada de práticas constantes de tortura. O primeiro interrogatório durava em média seis horas de dia e seis horas de noite. Nos intervalos, o preso era vigiado para que não adormecesse. Quando o interrogado declarava que não considerava a PIDE uma instituição legal, os agentes tornavam-se violentos. A tortura do sono prolongava-se por três dias e três noites.

Testemunhos das torturas

Só com o fim do poder de Salazar e o início do trabalho da Comissão Nacional de Socorro aos Presos Políticos foi possível recolher os testemunhos dos presos políticos. Outros foram tornados públicos depois do 25 de abril de 1974. Recolhi pessoalmente alguns nesse ano de mudança; outros são retirados de um texto, *PIDE: A história da repressão*, escrito diretamente por vários sobreviventes e publicado em junho de 1974, com coordenação de Alexandre Manuel, Rogério Carapinha e Dias Neves, um dos primeiros livros impressos sem censura. António Joaquim Gervásio, membro do Comité Central do PCP, operário agrícola, foi condenado a onze anos e oito meses de prisão em 22 de fevereiro de 1972. "Na terceira prisão para a qual fui transferido", conta,

fui tratado como um senhor, em comparação com a anterior. Mas era uma atitude enganadora. Na verdade, fui sujeito à tortura do sono, desde a noite de 31 de julho até 17 de agosto, dormindo apenas sete-oito horas na noite entre 16 e 17 de agosto. Em dezoito dias de tortura, fui impedido de adormecer durante mais de quatrocentas horas! A tortura transformava-me num simulacro de homem, quase num semicadáver, piorando dia após dia. Tinha a sensação de ter uma cabeça grande, vazia e fria. Depois fui atacado por um mal-estar geral, um estado de agonia dolorosa. A força física foi diminuindo aos poucos, aumentando as dores lancinantes, visuais e auditivas. Achava que via ratos, teias de aranha, cobras, serpentes, centopeias por todo o lado, no meu corpo e na sala. Ver é um dado adquirido, mas naquele estado os objetos mudavam de cor e aumentavam de volume e as paredes pareciam mexer-se. Tem-se a sensação de ouvir gritos ao longe, reconhece-se quase as vozes dos amigos, os gemidos dos familiares. O estado de semidoença e de alucinação leva o detido a não perceber em que lugar se encontra, um lugar estranho, um recinto do qual não se pode sair. Quando as forças vão abaixo, os agentes batem com nossa cabeça na parede, vamos parar ao chão e voltam a levantar-nos sem parar. Para ficarmos acordados fazem vários barulhos, batem com as cadeiras nas paredes ou na porta, percutem a mesa com diversos objetos, gritam todos em conjunto. Ribomba na nossa cabeça um estrondo como se estivessem a dar-nos marteladas. Uma vez alcançado um estado de total fraqueza, os agentes atiram-nos água fria para a cabeça e sobre o corpo, com um grito unívoco, e depois furam-nos as partes do corpo mais sensíveis. Enfim, uma tortura cruel e refinada que mina nossa saúde física e mental para a vida inteira com estados de insônia e instabilidade, perda de faculdades intelectuais, neuroses e outras manifestações de desequilíbrio psíquico.

Maria da Conceição Matos Abrantes, funcionária, foi detida pela primeira vez em 21 de abril de 1965 e logo condenada a um ano e meio de prisão, sendo os dois primeiros meses em isolamento, e foi posteriormente detida de novo em 1968 e libertada depois de dois meses de isolamento. "Entraram à força em minha casa às 4h30 da manhã enquanto eu dormia", reconstitui, emotivamente,

arrombaram a porta e apresentaram-se armados até os dentes para prender uma mulher indefesa. Depois, revistaram tudo, roubando-me até as fotografias pessoais. Fui detida e levada sem nenhuma explicação, deixada numa cela sozinha horas a fio. Às 21h45 desse dia, interrogaram-me na sede da PIDE em Lisboa, mas eu não respondi nada, nem sequer ao subinspetor António Capela, um dos agentes mais experientes, que tinha entrado na PIDE em 1951. Na manhã seguinte fui levada para Caxias, para uma cela com oito camas onde estava sempre sozinha. Levaram-me outra vez para a rua António Maria Cardoso na manhã a seguir, às seis da manhã, ameaçaram-me logo que iria ser internada num manicômio se não revelasse minha atividade antifascista. Depois disseram-me que também tinham prendido meu marido e que ele tinha confessado tudo. Só no dia seguinte me deram algo para comer. Depois de ter sido levada de novo para Caxias, fui interrogada e despida, insultada e pontapeada por uma agente chamada Madalena. Os outros riam-se ordinariamente. Os interrogatórios sucederam-se dias a fio nesse vaivém entre a prisão e a sede da PIDE. Só encontrei meus familiares um mês e meio depois, no parlatório da prisão. Quando me viram entrar naquele estado, puseram-se aos gritos e a chorar. Fui então posta em isolamento completo, sem nunca falar com um advogado, sem uma caneta e uma folha, sem um livro ou uma revista, sem ter nada que me ajudasse a passar o tempo para lá dos meus pensamentos.

Joaquim da Rocha Pinto de Andrade, sacerdote angolano, licenciado em filosofia e doutorado em teologia pela Universidade Pontifícia de Roma, que viria a tornar-se dirigente do Movimento Popular de Libertação de Angola, foi detido em 25 de junho de 1960. Fazia parte de uma família perseguida pelo regime colonial. Durante sua detenção, mudou seis vezes de estabelecimento prisional. Transportado de Luanda para Lisboa com a promessa da libertação, foi posto quatro meses em isolamento na prisão do Aljube, durante os quais fez uma greve de fome ao longo de seis dias, para obter melhores condições para os presos. Nesses quatro meses, nenhum agente da PIDE o contatou, apesar dos seus protestos. Foi esquecido. Daí, transferiram-no de barco para a missão local na ilha do Príncipe, mas em 25 de abril de 1961 foi embarcado e conduzido novamente à prisão do Aljube, sem a formulação de uma acusação precisa. Ouvido uma única vez pela PIDE, sofreu de novo quatro meses de isolamento até ter sido levado para o mosteiro de Singeverga, no Minho, com residência fixa. Em 12 de julho de 1962, depois de onze meses de oração, foi de novo levado do mosteiro e enclausurado no estabelecimento prisional do Porto, também aí sem nenhum ato de acusação. Passado um mês, deu por si no ponto de partida, a prisão do Aljube, numa cela de castigo, com um metro por dois de largura e uma só janela de quinze por vinte centímetros e uma cama de madeira dura, sem lençóis. Depois de 177 dias de prisão preventiva — só faltavam três dias para o máximo permitido —, o padre Pinto de Andrade foi libertado. Mal teve tempo de desentorpecer as pernas e dar quatro passos para lá da porta da prisão, quando foi de novo detido para ser levado para Caxias onde, ao cabo de sete meses, foi libertado e obrigado a fixar residência em Ponte de Sor, sob custódia da polícia, com a correspondência sujeita a censura, telefone vigiado, proibição de se deslocar e visita de um agente de quatro em quatro horas. Em 24 de janeiro de 1964, o padre Pinto de Andrade foi detido pela quinta vez, no Aljube, onde passou dez meses sem nunca ser interrogado, tendo sido então transferido para Vilar do Paraíso, para o Seminário da Boa Nova, em regime de vigilância total. Passados três anos, coincidindo com a visita do papa Paulo VI a Fátima, foi concedida liberdade ao padre Pinto de Andrade e a possibilidade de viajar por todo o país. Esse sopro de liberdade durou até 10 de outubro de 1970, quando foi detido pela sexta vez, com um rapto em plena rua.

Luís Moita foi um dos participantes na famosa missa de fim de ano de 31 de dezembro de 1972 na Capela do Rato, em Lisboa, em que os católicos pediram o fim da guerra colonial. Foi detido na manhã de 27 de novembro de 1973 por quatro agentes, sem mandado de captura. Escreveu uma narrativa dos primeiros dias passados no Forte de Caxias. O interrogatório começou com a seguinte pergunta: "Queres ser tratado como um homem ou como um animal?". As hipóteses que lhe propuseram eram três: falar, morrer ou enlouquecer. Foi logo a seguir agredido por quatro agentes, para então ser fotografado e torturado de novo. À noite, ofereceram-lhe um pouco de sopa e foi assistido por uma enfermeira, que lhe deu uma aspirina. Na manhã seguinte, foi visitado por um médico, que lhe administrou um antibiótico. A meio da manhã foi de novo chamado ao reduto sul do forte, para um interrogatório ainda mais violento, com seis agentes que o torturaram com bastões de ferro. Disse estar a sentir-se mal e já não ver de um dos olhos. Os outros prosseguiram insultando-o e ameaçando-o de morte. Ao fim da tarde, foi levado de novo para a cela, onde foi uma vez mais visitado pela enfermeira. Ao terceiro dia, foi examinado por outro médico e sujeito novamente a um interrogatório, no qual sofreu a tortura do sono. Nessa noite, também foi espancado. Resistiu à tortura do sono durante 114 horas consecutivas, até que lhe foi permitido dormir numa salinha contígua à da tortura. Foi por fim levado para uma cela de isolamento, onde permaneceu três dias com um interrogatório de seis em seis horas. Só ao oitavo dia lhe foi permitido escrever aos familiares, para os avisar de que ainda estava vivo.

José Alves Tavares Magro, filiado no Partido Comunista, passou vinte anos nas cadeias da PIDE e só foi libertado na noite de 27 de abril de 1974. Quando me encontrei com ele em Lisboa, suas condições físicas eram precárias. Incrédulo perante o que estava a acontecer, oferecia um sorriso trocista a quem o fosse visitar. Tinha sido preso em 25 de janeiro de 1951, numa rua de Lisboa, pela brigada do famigerado José Gonçalves. Resistiu longamente dizendo aos agentes da PIDE sempre a mesma frase: "Podem estar descansados que não vou suicidar-me, se morrer é porque me mataram". Torturado e surrado brutalmente na sede da PIDE, sujeito à tortura do sono no Aljube durante quatro dias, no final respondeu ao subinspetor: "Isto é tudo uma merda e você uma merda é!". Foi posto numa cela de três por quatro metros, sem luz, durante quatro meses e depois transferido para Caxias, processado e enviado para Peniche onde, em 20 de janeiro de 1954, tentou a fuga por um túnel, mas foi descoberto. Foi libertado em 1957 depois de seis anos de cadeia, entrou na clandestinidade, participou no V Congresso do PCP e foi eleito para o Comitê Central. Em 13 de maio de 1959 tornou a ser detido, agredido nos olhos ao ponto de quase cegar e preso dois anos e meio de novo em Caxias, sendo depois disso julgado e condenado a dez anos de prisão, com subsequente perda dos direitos políticos por outros quinze anos, quase uma prisão perpétua. Conseguiu fugir de Caxias em 4 de dezembro de 1961 de forma incrível, enfiando-se no Chrysler blindado, chamado Hudson, que era muitas vezes utilizado por Salazar por motivos de segurança e que naquele momento estava à disposição da PIDE. Viveu seis meses na clandestinidade e foi detido em São Domingos de Rana em 24 de maio de 1962, sendo então condenado a mais seis anos de prisão, que seriam cumpridos em Peniche numa situação prisional dificílima, consequência da fuga de Álvaro Cunhal do forte, em 1960. Quando os soldados revolucionários o foram buscar à enfermaria da prisão de Caxias, para onde tinha sido transferido, era um espectro de homem. Infelizmente, sua irmã Maria Helena Magro desapareceu em 1956, com apenas 33 anos, depois de uma vida passada na clandestinidade. Ele partiu de vez em 1980, depois de reencontrar a liberdade política e de ter publicado o volume *Cartas da prisão: Vida prisional* (Edições Avante!, 1975) e a coletânea de poemas *Torre cinzenta* (Edições Avante!, 1980).

Os clandestinos

Uma vez as pessoas apanhadas sob a lente de investigação da PIDE e depois atiradas na cadeia, tinha início o trabalho dos advogados para as libertar. Quando se transpunha finalmente a soleira do estabelecimento prisional de Caxias ou de Peniche e se voltava a respirar ares de liberdade, sabia-se que a vida nunca mais seria a mesma. Para muitos dos acusados e dos presos, a via do exílio era a mais simples. E era até encorajada de vez em quando pela polícia política, que acordava com os advogados de defesa a atribuição do passaporte. No entanto, para outros, era necessário recorrer à expatriação clandestina, para não acabarem vítimas das iníquas perseguições políticas que podiam durar três anos sem nenhuma garantia jurídica.

Só um punhado de antifascistas escolheu a via mais difícil, a da clandestinidade, para prosseguir a luta contra o regime salazarista. Essas "sombras de homens e mulheres" tornaram-se a obsessão principal do poder. Num país pequeno como Portugal, esconder-se não era fácil e a espionagem imperava. A PIDE usava sistemas manhosos como a chantagem, pois podia deter quem quer que fosse, sem permissão da autoridade judicial, ou sistemas públicos, no sentido de obter informações sobre certos cidadãos. Por exemplo, para aceder a um cargo público ou tirar o passaporte ou simplesmente concorrer a uma bolsa de estudo, era necessário ter um documento de aprovação da polícia política.

Logo em 1934, surgiu o primeiro soviete português, comandado pelo militante comunista José Gregório, nascido em 1908, operário da Marinha Grande, que passará depois pela URSS, para regressar em 1938 e ser detido em 1940. Entrado na clandestinidade, com poucos recursos, mal vestido e nutrido, percorria o país de bicicleta, para criar células comunistas e difundir as publicações *Avante!* e *O Militante*. Sua resistência continuará no tempo, superando inclusivamente as desavenças internas no PCP. Gregório assistirá à morte de camaradas próximos, como Militão Bessa Ribeiro (que morreria em 1950 no Estabelecimento Prisional de Lisboa, depois de uma prolongada greve de fome, e que deixou uma carta aos camaradas escrita em papel higiênico com seu sangue), e José Moreira, assassinado pelos agentes da PIDE. Em 1956, Gregório foi destituído das funções de dirigente do PCP e exilou-se na Checoslováquia, onde morreria em 1961.

A verdadeira prímula vermelha do regime salazarista foi António Dias Lourenço, também conhecido como "Dezassete", seu número preferido: dezessete anos de clandestinidade, dezessete anos de prisão, dezessete anos como diretor do jornal *Avante!*, dezessete anos à data de entrada no PCP. Diz-se que Salazar olhava muitas vezes para sua fotografia e sonhava vê-lo na prisão. Detido pela primeira vez em 1942, com apenas 27 anos, tornou-se protagonista da fuga mais estrondosa das prisões portuguesas, na qual se inspiraram os filmes *A fuga* de Luís Filipe Rocha, de 1978, e *O segredo* de Edgar Feldman, de 2008. Nas suas palavras, tratou-se da coisa mais fácil do mundo fugir do "Segredo", a ala mais dura da cadeia, reservada aos presos políticos. Atirou-se da muralha do forte-prisão de Peniche para as ondas do oceano que embatiam nas rochas e nos muros da fortificação. Embora fosse um friíssimo dezembro de 1954, António Dias Lourenço conseguiu ressurgir das ondas e nadar duas horas, até ser recolhido por alguns pescadores na praia. Extenuado e em hipotermia, confessou sua identidade e pediu-lhes que o ajudassem. Assim, recobrou as forças, desvaneceu-se e passou à clandestinidade. Tornou-se responsável pela tipografia em que eram impressos os panfletos e os jornais comunistas, outra obsessão de Salazar. Contudo, a PIDE conseguiu identificá-lo e prendê-lo de novo em 1962, quando estava com o filho. Continuava na prisão quando estalou a Revolução dos Cravos. No dia 26 de abril, ao sair, viu as bandeiras vermelhas a esvoaçar. Não queria acreditar.

"Homem do contra" é como se pode definir Francisco Martins Rodrigues, militante de longa data do PCP e, depois, teórico maoista. Foi detido pela primeira vez em 1950 e levado para o estabelecimento prisional do Aljube; libertado um ano depois, passou a trabalhar para o MUD (Movimento de Unidade Democrática), organização hostil ao regime, e para o PCP, do qual se torna funcionário. Detido de novo por duas vezes, depois de fugir da cadeia de Peniche em janeiro de 1960, passou à clandestinidade adotando outro nome. Entrou em ruptura com o secretário-geral do PCP, Álvaro Cunhal, e fundou com João Pulido Valente e Rui d'Espiney a Frente de Ação Popular (FAP) e, depois, o Comité Marxista-Leninista Português (CMLP). Exilado em França, visitou a China e a Albânia. Ao regressar à pátria, foi de novo detido, em 30 de janeiro de 1966, levado para a sede da PIDE, agredido e torturado durante um mês e meio. Chegou a ser encenado um falso fuzilamento seu. Condenado a vinte anos, entrou na cadeia de Caxias em 15 de março. Foi o último recluso a deixar a cadeia de Peniche, em 27 de abril de 1974. Uma bela fotografia, tirada alguns anos depois, mostra, em conjunto, esses terríveis velhotes que enlouqueceram Salazar e a PIDE. Eram eles Jaime Serra, Sérgio Vilarigues, Blanqui Teixeira, António Dias Lourenço, Álvaro Cunhal, José Vitoriano, Joaquim Gomes e Octávio Pato.

Margarida Tengarrinha, nascida em 1928, entrou para o MUD em 1948, quando frequentava a Escola Superior de Belas-Artes de Lisboa, e foi expulsa em 1952 de todas as escolas e universidades, por causa de atividades pacifistas contra uma reunião da Otan em Lisboa, tendo tido de abandonar o ensino. Em 1955, passou à clandestinidade com seu companheiro José Dias Coelho, que seria assassinado pela PIDE em 1961. Entre 1962 e 1968, trabalhou com Álvaro Cunhal e depois como redatora da Rádio Portugal Livre. Quando entraram na clandestinidade, Margarida e José tinham uma filha de dois anos, que conseguiram miraculosamente ver crescer, mas, chegado o momento da escolarização, optaram por entregá-la aos seus familiares. Marcaram um encontro com o irmão de José, que chegou de carro com a mulher e os filhos. Disseram à menina que ia passar um período de férias com os tios e a avó, mas a pequena pediu desesperadamente aos pais que ficassem consigo. Quando ouviu a resposta negativa, a menina levou as mãos aos olhos e desatou a chorar. Nunca mais veria o pai. Voltou a ver a mãe aos treze anos de idade, numa zona rural, no areinho de um rio. Para Margarida Tengarrinha, foi a maior emoção da sua vida.

Com efeito, os nascimentos acontecidos na clandestinidade constituíam um problema deveras complexo para a máquina organizativa do Partido Comunista Português. Guy Lourenço teve também de abdicar da relação com o filho, para ter as mãos livres na ação política. A dra. Maria da Purificação Araújo encarregava-se dos partos das crianças na clandestinidade. Para apagar seus vestígios, usava vários táxis e carros de camaradas. Uma vez chegada ao destino, a operação não era simples, porque faltavam os apetrechos e as garantias sanitárias necessárias. Porém, a médica conseguiu sempre levar a bom porto as gravidezes. "A clandestinidade", narra Carlos Brito, nascido em 1933, dirigente do Partido Comunista,

era a única forma de luta pela liberdade. Para sermos livres tínhamos de andar clandestinos, caso contrário éramos perseguidos pela PIDE. No meu caso, estive oito anos preso nas cadeias do Aljube, de Caxias e de Peniche onde fui ferozmente torturado. Quando saí, não tive alternativa senão passar à clandestinidade como funcionário do PCP. Nossas casas eram uma espécie de redação com material propagandístico, exemplares do jornal *Avante!*, documentos vários, panfletos. Tínhamos uma máquina de escrever coberta com um estofo para que os vizinhos não ouvissem o barulho. Eu viajava com bilhetes de identidade falsos, tinha vários nomes. Para organizar essas coisas, o partido dispunha de um centro de falsificação de documentos.

As tarefas entre homens e mulheres eram diferentes: eles andavam pelo país para manterem os contatos com as diversas células, elas tinham de vigiar o material dia e noite. Mantinham sempre o lume ligado com uma panela por cima e, em caso de barulhos suspeitos, deviam queimar todos os documentos. As mulheres marcavam encontros em cafés, para a troca de material. Quem levava exemplares do jornal substituía a carteira e apanhava outra, que continha as compras. As casas estavam geralmente cheias de malas de viagem e sacos, para uma eventual fuga. Aida Magro contou sua viagem aventureira entre Lisboa e Porto com material comprometedor. Parada no comboio por um polícia, abrira uma caixa de madeira que, por sorte, só continha livros. Ela disse que eram do marido e que considerava uma ofensa o pedido do agente. A coisa ficou por ali e ela voltou a fechar a caixa com o tacão do sapato.

A ação de propaganda conheceu vários níveis, conforme a época. No início, tratava-se de exemplares do *Avante!*, que eram distribuídos sobretudo nas fábricas. Dias Lourenço contou que uma vez enfiou a bicicleta num carril e foi um polícia quem o ajudou a tirá-la. Na bagagem levava dezenas de exemplares do jornal destinados aos operários da fábrica onde trabalhava. Entre 1935 e 1974, existiram cerca de oitenta tipografias clandestinas do PCP, com uma tiragem de 300 mil exemplares do *Avante!*, da revista *O Militante* e folhas várias. Outro nível de transmissão da propaganda comunista eram as cassetes de vídeo com mensagens e apelos. Eram gravadas em vários milhares de cópias. A dada altura, recorreu-se aos conventos para esconder as instalações de reprodução. Com o arranque das guerras de libertação em África, o PCP decidiu dar vida a uma emissora radiofônica, a Rádio Portugal Livre, criada em 1962, em Bucareste. Contudo, havia em Portugal quem supusesse que as emissões vinham da serra da Estrela. Havia ainda a Rádio Voz da Liberdade, que utilizava as estruturas da Rádio

Argel. "Amigos, camaradas, daqui fala a voz da liberdade da Frente Patriótica de Libertação Nacional", dizia-se no início das emissões de meia hora que iam para o ar em Bucareste às sete da manhã, às sete da noite, às nove e quinze e à meia--noite. Já ao domingo, iam para o ar emissões especiais sobre agricultura, e ao sábado uma dedicada aos militares intitulada "A Voz das Forças Armadas". Aquela voz tornava menos amarga a relação entre quem vivia na pátria e aqueles que eram obrigados a exilar-se.

4.
Vida cotidiana de um ditador

Era um homem metódico e de hábitos. Ia para a cama à meia-noite, dormia bem, dispensando os soníferos, levantava-se às oito da manhã, tomava o pequeno-almoço, lia os jornais, sentava-se no gabinete das dez da manhã às duas da tarde, fazia uma pausa breve para o almoço, depois um quarto de hora de sesta, a partir das cinco da tarde recebia visitas, antes do jantar passeava no jardim, lia livros, ouvia rádio, depois comia um jantar frugal, à base de peixe fresco, uma dourada ou sardinhas. Não fumava, bebia um decilitro de vinho do Dão, produzido na sua pequena propriedade. Adorava café, que considerava a melhor bebida depois da água, mas não o bebia, apenas o cheirava, pois caso contrário ficava agitado. Embora nunca tivesse lá ido, sabia que existia em Ermera, em Timor-Leste, uma das melhores variedades de café-arábica, introduzida pelos colonos portugueses no início do século XX. De três em três semanas, encontrava-se com o calista Augusto Hilário e com o barbeiro Manuel, que, além de lhe cortar o cabelo, lhe fazia a barba. De resto, era d. Maria com uma simples lâmina quem o barbeava todas as manhãs.

Adorava livros de história, sobretudo os que tratavam da América, e biografias das grandes figuras históricas. Não apenas volumes acabados de sair, como também antigos. Era frequente folhear os volumes de arte que lhe chegavam do estrangeiro, quiçá o catálogo de uma exposição em Londres ou Paris. Gostava de música clássica, em particular de ópera, e acerca da música moderna dizia que não possuía harmonia. Na política internacional, considerava os americanos infantis, os soviéticos habilidosos e achava que no espaço de algumas décadas os chineses se tornariam uma potência mundial. Não estava otimista em relação ao futuro da Europa, pois, com o desaparecimento de uma certa classe política — De Gaulle, Adenauer, Churchill —, só via mediocridade. "Daqui a trinta, quarenta anos", profetizava, "haverá um cataclismo econômico e também Portugal irá ao fundo."

Seu desejo declarado era o de se retirar para Santa Comba Dão para escrever livros, embora nunca o tivesse feito. Ninguém acreditava na sua falsa modéstia, seu destino de prepotência exaltava-se nas horas de silêncio ("aquelas em que trabalho melhor", afirmava). E Maria de Jesus mantinha um semblante de cumplicidade sempre que ele perspectivava a ameaça de se retirar. Portugal era ele, tinha de ser aquilo que ele decidisse, e sua vida era Portugal. Não o Portugal ultramarino, mas o interior, uma paisagem agreste e úmida, de rios e silvas, de igrejas paroquiais e carreiros. Ele era fiel a esse país, e sua fidelidade criava o enigma de um ditador que não soube governar a vastidão, não a conhecendo, não a frequentando. Àquela paisagem rural foi buscar a desconfiança em relação aos outros e as maleitas hereditárias, a gota, as dores nos músculos e nos pés, embora também a severidade e a depressão, a religiosidade e a obsessão com a fé, o destino amargo atribuído por Deus àqueles homens e àquelas mulheres ("Devo à Providência a graça de ser pobre"). E, de fato, ao morrer, deixou na sua conta 274 mil escudos e sua modesta propriedade no Vimieiro. Aquele pé que lhe doía desde criança e o levava a calçar sapatos especiais de pele era o sinal da sua fragilidade. Um homem que nunca dava mais de vinte passos e nunca dizia mais de vinte palavras. E depois aquela voz estridente, sibilante e aguda que para os inimigos era como uma lâmina de ferro que se introduzia na sorte das pessoas comuns. Sobretudo quando usava a ironia cortante, com duplo sentido, sob a qual se escondia sabe-se lá que destino marcado. Tudo compensado por uma capa de elegância britânica e sóbria, fato todo escuro, gravata às risquinhas e uma camisa de riscas brancas e azuis, quase uma antecipação da moda.

A aversão à viagem

Seus navios e seus aviões desdobravam-se pelas rotas intercontinentais, mas ele nunca viajou, odiava as deslocações, tal como odiava os encontros internacionais com modestos homens políticos que não possuíam seus títulos académicos. O que haveria a partilhar com um professor, um empregado ou um general? Antes cultivar vinho no Vimieiro e dedicar-se aos muitos opositores que perturbavam a sossegada normalidade do país atlântico. E, além disso, quem dentre esses falava perfeitamente francês, como ele, amante da língua de Victor Hugo, Alexandre Dumas, Marcel Proust e Voltaire?

As três viagens que realizara na sua longa carreira de ditador tinham se revelado pouco confortáveis e escassamente interessantes. Atravessara a fronteira com Espanha para debater com Francisco Franco. Tinham se encontrado na Corunha, em Ciudad Rodrigo e em Sevilha. Numa outra vez, conversara com um colaborador seu, também do outro lado da fronteira, embora tivesse regressado logo ao Vimieiro.

Esforços incríveis, para quem odiava os almoços oficiais, para quem adorava andar de chinelos e ir cedo para a cama. Ele preferia a correspondência, adorava escrever cartas num tom oficial e altivo, rico em sobranceira compostura. Depois da vitória de Franco, começara a escrever-lhe com certa regularidade, sem nunca abordar os paralelismos políticos e existenciais, o amor comum pela solidão, por exemplo. Só por uma vez entrou num avião da TAP para um voo entre Lisboa e o Porto, embora a companhia portuguesa, inaugurada em 1946, fosse a muitos outros países europeus, a África, à América, à Ásia. Fez um esforço tremendo em 27 de março de 1966, quando apanhou o voo 104, com pouco mais de uma hora de duração, destinado ao Porto. Um bando de jornalistas acompanhou-o e ele sujeitou-se ao lançamento de perguntas. Durante o voo, não abriu a boca e no final não disfarçou seu desagrado. Quando ia ao Vimieiro ou a Guimarães, usava o automóvel blindado, receando um atentado no caminho. Em 1933, o paço dos Duques, mandado construir por d. Afonso, duque de Bragança, foi alvo de importantes obras de restauro para o transformar na residência oficial da presidência do Conselho, embora ele preferisse dormir na sua casa. Como professor, tinha feito uma viagem à Holanda e passara dois dias em Paris, fascinado com o metropolitano. Só por uma vez apanhou um barco para ir à ilha da Madeira, mas, sofrendo do estômago, ficou um tanto transtornado na ida e na volta. De contrário, vagueava de bom grado pelo jardim de São Bento entre galinhas e pombos, pois sentia-se na sua paisagem natal.

O exótico sonhado

Namorou o diferente por via da Exposição do Mundo Português de 1940, em que pediu aos arquitetos que conjugassem os grandes mitos lusitanos: as Descobertas, os assentamentos ultramarinos e a tradição rural. Com o mundo então em guerra, Portugal celebrava sua propensão lusotropical assinalada pelo imponente Padrão dos Descobrimentos, para comemorar o duplo centenário da fundação e da restauração da nação (1140 e 1640). Para além de uma dimensão geopolítica, havia uma dimensão humana. Para quem era filho do interior, tão arreigado às tradições, a viagem representava o outro lado da existência:

156

partir, perder-se, reencontrar-se, implantar a cultura lusófona ao longo da rota das especiarias, viver da saudade, esse sentimento que tinham transmitido tão bem aos brasileiros. Para satisfazer essa curiosidade, Salazar adorava os locais mais luxuriantes do país, como Sintra ou Cascais.

Seu prazer supremo, quase capaz de acalmar qualquer tensão, era passear pelo Jardim Zoológico, numa atmosfera mágica que o levava à parte desconhecida do império e, logo, de si mesmo. Edificado pelo rei Fernando II em Sete Rios, por vontade de Pedro Van Der Laan, com a ajuda de Bento de Sousa, José Sousa Martins e May Figueira, inspirava-se no Jardim das Delícias, em que se harmonizam os reinos vegetal, animal, humano e mineral. No Jardim Zoológico, o reino vegetal está representado pela abundante flora, proveniente de todos os continentes, o mineral pela água e pelos granitos, o animal pelas espécies dos quatro continentes e o humano pelos visitantes que, de certa forma, homageiam tudo o mais. Para si, era uma chave para ir à descoberta do desconhecido, como se fosse um novo navegador. Circulava entre alamedas, pontes, pequenos lagos, fontes e entrava por fim no roseiral, de cariz oriental, como se passasse para outra parte do planeta, governado por estátuas de golfinhos e figuras andróginas. Era como descobrir a beleza do paraíso. Reencontrava ali os perfumes poéticos de Wenceslau José de Sousa de Moraes que saltara de Macau para o Japão, tornando-se um eremita que vivia da recordação dos falecidos e enviava folhas de papel *washi* para Lisboa, as quais resultaram em livros como *Cartas do Japão*, de 1904, ou *O Bon Odori em Tokushima*, de 1916.

O que impelia um homem tão ligado à pátria a perder-se nos territórios da inexistência? Caminhando entre as plantas e os animais do Jardim Zoológico, não encontrava resposta para os mistérios da ausência.

Os amores às escondidas

Estava casado com a pátria: foi essa a justificação que usou para se manter solteiro toda a vida. António de Oliveira Salazar, mais do que um misógino, era um misantropo, embora não tivesse deixado de ter proximidades verdadeiras ou supostas com várias mulheres. Tendo uma alma feminina, sentia a autoridade como uma necessidade de vida, quase uma obsessão, que tornava público seu sacrifício sentimental. Suas relações amorosas — afloradas no filme *Amores de Salazar*, de 1981, de Manuel Carvalheiro, e no livro *Os amores de Salazar*, de Felícia Cabrita, de 2006 — eram todas elas marcadas por um conhecimento do mundo feminino, quase uma curiosidade, embora não tivessem dado em nada de concreto, à exceção de certos casos que nunca ficaram completamente claros.

O primeiro amor juvenil foi por Felismina de Oliveira, rapariga muito religiosa, de beleza clássica, cabelo arruivado, também ela atingida pela pobreza, a quinta de oito filhos. Chegada ao liceu e inscrita pelo pai na Escola Normal de Professores Primários, graças ao auxílio econômico de um familiar que emigrara para o Brasil, Felismina conheceu Salazar em 1905, por intermédio da irmã deste, Marta, que morava na sua casa, para estudar. No seu diário, Felismina descreve António como sendo muito pálido, magro e alto. Quando o viu pela primeira vez na estação de Viseu, vestido de seminarista, foi o início de um amor "como Deus queria!", escreveu ela, um amor total e platônico, eterno e religioso. Dedicou-lhe um poema apologético num diário denso de castos sentimentos pelo homem que sempre adorou. Convidada pela primeira vez por Marta a ir a casa dos Salazares, apresentou-se com um vestido escuro, de luto, pela morte do tio, mas apesar dos meros dezessete anos, foi recebida como se fosse da família. Aos dezenove anos, recebeu como prenda de António o livro *Poesias* de Soares de

Passos que ele lhe leu, na casa do Vimieiro, sob os olhos da mãe, Maria do Resgate. Descurando o olhar investigador da mulher, ele rodeou-lhe a cintura e apoiou sua cabeça na de Felismina. Encontravam-se todos os verões na terra natal de Salazar, depois de meses e meses de cartas. Suas voltas e passeios despertaram a desconfiança dos familiares dela — Salazar era ainda um seminarista, que todos tratavam como padre António! Quando o futuro ditador entrou para a Universidade de Coimbra e se dedicou então ao ensino acadêmico e, posteriormente, à carreira política, não se esqueceu de Felismina. Aos 42 anos de idade, continuava a escrever-lhe, num tom de amor subentendido que não agarrava a presa, recordando com gosto a amizade entre ambos, abençoada pelo Senhor. Felismina, que empreendeu uma importante carreira política em Viseu, tornou-se para o ex-seminarista uma preciosa fonte de informações sobre sua zona de origem, assinalando quem criticasse o governo. Continuaram a encontrar-se em todos os feriados consagrados. Ela era uma casa, uma esposa em falta, um fantasma dedicado ao amor eterno.

A dada altura, saiu no jornal *O Povo* uma pequena nota em que se citava o casamento em Santa Comba Dão do dr. Salazar com Júlia Alves Moreira, filha de Guilherme Moreira, um dos professores da Faculdade de Coimbra. A data do diário é a de 5 de setembro de 1928, um mistério entre os mistérios de Salazar.

Paixão fugaz foi também a que marcou a relação entre Salazar e Júlia Perestrelo, filha do antigo patrão do pai. Julinha frequentava o colégio das Irmãs Ursulinas, nunca faltava à missa da manhã, mais do que bonita era meiga, mas ele não fez nenhum esforço por salvar o amor entre ambos. Também usou a arma do sedutor em Coimbra, onde constava, numa universidade entre as mais rígidas do mundo, que o jovem professor do Vimieiro passava as noites em casa de Glória Castanheira, uma pianista que o considerava simplesmente um rapaz mimado, e que não apreciava de todo aquele jogo da distância-proximidade por si realizado. Porém, a correspondência entre ambos prosseguiu na mesma, de 1918 até 1956.

Mais pecaminoso foi o amor por Maria Laura Campos, que teve como cenário a casa arrendada por um breve período pelo então ministro das Finanças num rés do chão da avenida Duque de Loulé, um apartamento sem luz, antes de passar para a rua do Funchal onde, em novembro de 1932, concedeu uma famosa entrevista a António Ferro. A mulher, que casara sete anos antes com o comerciante Eduardo Rodrigues de Oliveira, era alta, compacta, excêntrica no vestir, deveras esbanjadora em perfumes. Tinha uma péssima relação com o cônjuge, que a acusava de ter vários amantes. Aos 29 anos, depois de uma longa estada em Sevilha, em casa do tio do marido, e uma tentativa de suicídio pela ingestão de grande quantidade de fármacos, Maria Laura regressou a Portugal. Foi internada na Casa de Saúde de Benfica e saiu passados dois meses. Iniciou o processo de divórcio do marido e venceu-o. A relação entre Maria Laura e António desbloqueou-se. Lendo a agenda de Maria Laura entre o final de 1932 e o início de 1933, conclui-se que os encontros dos dois se tornaram frequentes. Salazar não renunciará a ela nem sequer depois do novo casamento de Maria Laura, que foi viver para Madri com o segundo marido, muito mais velho do que ela.

Mais do que amor, a história com Maria Emília Vieira pode ser definida como um diálogo nas estrelas. Influenciado pela paixão pelos horóscopos, o primeiro-ministro conheceu a bailarina e astróloga nos anos 1930. Para o puritano do Vimieiro, ela era uma figura dissoluta, capaz de substituir Maria Laura. Em 1934, aos 37 anos de idade, a astróloga, filha de um sapateiro que se mudara do Porto para o Chiado, parecia uma mulher moderna, perturbante, exibicionista a vestir, com um belo sorriso provocador. Extravagante, eclética, surrealista, Maria Emília Vieira frequentava aulas de dança e até de boxe com duas irmãs. A ascensão familiar irá levá-la a estudar piano, a falar fluentemente francês, a viver no Campo Grande e a passar as férias no Estoril. Acompanhava como dançarina as exibições das bandas de jazz, dançava com os melhores clientes do Hotel Avenida Palace e entrava nos transatlânticos para dar espetáculos. Tinha até um agente, o sr. Silva, que tentava dotá-la de índole de personagem da moda. Não por acaso, deixou Lisboa para rumar à Paris da Belle Époque, onde levava uma vida boêmia, associando-se inclusivamente à Sociedade Teosófica, criada por uma colônia de portugueses na Ville Lumière. Depois de cinco anos passados em Paris, regressou para a beira do Tejo com o tarô na carteira. Experimentada, sem grande sucesso, a via do teatro, abriu um estabelecimento próprio, o Makavenkos, na ampla avenida da Liberdade. Os documentos do acervo de Salazar guardados na Torre do Tombo testemunham os êxitos dos seus horóscopos, tanto no plano pessoal como político, numa mistura de inter-relações: ameaças de pessoas que entram na vida do primeiro-ministro condicionando-o, moléstias intestinais, problemas financeiros, lutos, um ano em que a morte ficará sobre-exposta... Embora Maria Emília tivesse uma relação com o jornalista Adolfo Norberto Lopes, diretor do *Diário de Lisboa*, o ditador incluiu-a no grupo dos seus conselheiros ocultos com a alcunha "Guloseima", pois ela bebia uma gemada de oito ovos por dia, uma espécie de elixir da longa vida, segundo suas teorias. Assim, os horóscopos de Maria Emília acabarão por orientar durante pelo menos três décadas as decisões do Estado lusitano.

Quando, em maio de 1945, Salazar convidou d. Amélia de Orleans e Bragança para tomar um chá em São Bento, concedendo-lhe o regresso à pátria desde o exílio dourado em Versalhes, convocou várias damas saudosas da corte imperial abolida pela República. No meio das flores trazidas de propósito das ilhas dos Açores e da Madeira, dos bules que cheiravam a Goa e dos frutos exóticos do ultramar, as antigas damas da corte competiram entre si para conversar com a amada fidalga. Entre elas, destacava-se Carolina Asseca, sobrinha da condessa de Sabugosa, perto de Viseu, então com 45 anos de idade, olhos intrigantes, cabelo escuro, de média estatura, que acompanhara d. Manuel II no nefasto exílio britânico. Ganhara hábitos londrinos, vestia-se à moda, falava perfeitamente inglês, lia os clássicos da literatura britânica. No regresso a Sintra, Carolina convidava os nobres da antiga casta portuguesa e os notáveis do novo regime para a flora do seu jardim, encorajava as visitas de coche ao Palácio da Pena, levava-os a passear pela estrada de Monserrate, entre os altos fetos arborescentes ou pela magnífica Volta do Duche, na frescura da floresta que domina a montanha encantada, amada por Eça de Queirós. Carolina casara-se aos dezenove anos com um herdeiro do conde de Anadia, que morreu quatro anos depois, num concurso hípico.

Com sua clássica galantaria, Salazar desviava as flores que todas as manhãs chegavam a São Bento para a luxuriante Sintra, onde, às escondidas de Maria de Jesus, o primeiro-ministro ia almoçar ao sábado ou ao domingo, enviando então o motorista com um bilhete a casa de Carolina, para solicitar que esta o recebesse. Na longa correspondência entre ambos, com sua escrita elegante, a senhora nobre consolava o estadista pelas dificuldades que se lhe deparavam, testemunhando sua saudade "sem fim". O estilo de Carolina transformou-a quase de imediato na primeira-dama da corte salazarista, apesar dos olhares hostis de Maria de Jesus, mas com a benevolência das várias linhagens aristocráticas que projetavam já o regresso da monarquia lusitana. A hostilidade da governanta, os discursos de Micas e a atitude pouco encorajadora do filho de Carolina, Manuel José Pais do Amaral, levaram a um progressivo congelamento da relação. O *chauffeur* deixou de levar flores frescas e bilhetes ao palacete de Sintra, Salazar alheou-se dos propósitos da nobreza sediada na costa dourada, a estrada amorosa fez-se íngreme. A caminho de Londres, onde o ditador a utilizava para manter boas relações com a rainha, Carolina escreveu que sua única consolação para a dor era que, para Salazar, tudo não passava de "um capricho", como em tempos lhe chamara.

Nos últimos anos de vida, a mulher que teve maior influência sobre o ditador foi uma jornalista francesa, Christine Garnier. Loura, de cabelo encaracolado e baixa estatura, entrou em contato com São Bento em 1951, a propósito de um livro de entrevistas sobre a vida do homem natural do Vimieiro. Na realidade, seu nome era Raymonde Germaine Cagin, nascida em 1915 na Flandres, filha de um oficial da marinha, manequim para a *Marie Claire*, depois jornalista do diário *Le Figaro*, casada em primeiras núpcias com Raymond Bret-Koch, parente do famoso médico que descobrira o bacilo da tuberculose. Salazar aceitou a entrevista, com a única condição de que cada página obtivesse seu consentimento, dado que conhecia perfeitamente a língua francesa. Chegada a Lisboa, Christine passeou pela cidade durante três dias, na companhia do agente Guilherme Pereira de Carvalho. Pressionado pela jornalista, Pereira ligou a uma amiga para solicitar o encontro, que finalmente teve lugar no Forte de Santo António. Transposta a ponte levadiça, a jornalista foi recebida por um homem vestido de linho branco que a acompanhou pelos espaçosos corredores da fortaleza, até uma sala com duas cadeiras. Ela julgava que se trataria de um secretário: "Quando chega o presidente?", interrogou. "O presidente sou eu", respondeu seu interlocutor. Maravilhada com a simplicidade de um homem que governava territórios e cidades no planeta inteiro, Garnier também conquistou a simpatia de Salazar e foi convidada a acompanhá-lo dias depois a Santa Comba Dão, onde ficou alojada na Pensão Ambrósia. O diálogo entre ambos foi avançando entre trivialidades, histórias verdadeiras e lendas. O livro *Vacances avec Salazar* [Férias com Salazar], publicado com sucesso em França pela Grasset, foi depois recuperado pelo editor António Maria Pereira, em Portugal. A partir daí, Garnier veria-se inundada de prendas do amável ditador: vinho do Porto, flores, ananases, iguarias e manjares dos Açores, além de três caixas de vinho tinto do Dão enviadas para Dakar, onde a jornalista se encontrava a fazer uma reportagem. O marido descobriu as cartas de Salazar, nasceu uma discussão e separou-se dela. Tendo ela casado em segundas núpcias, o ditador pareceu imperturbado pela nova situação e continuou a escrever-lhe e a telefonar-lhe sem embaraço, embora defendesse publicamente a família tradicional. Até que ela se encontrou em Portugal no mês da crise do ditador, quase uma sina.

Filha do escritor e embaixador António Feijó, Mercedes de Castro Feijó era uma mulher cosmopolita, muito avançada em relação ao fechado mundo provinciano português. Daí que, logicamente, tivesse chamado a atenção do presidente. Seus escassos encontros eram compensados por uma persistente correspondência, em francês, nos anos 1940 e no pós-guerra. Entendiam-se na perfeição. Nas cartas, Mercedes tratava Salazar por "anjo" e "amor", ainda que tenha sido apurado, através de investigações recentes, que nunca houve entre os dois uma relação sentimental propriamente dita. Com a morte do pai, Mercedes ficou entregue à tutela do tio, Sven Bergius, embaixador sueco, que lhe deu liberdade para frequentar o jet set internacional e viver no Hotel Arcade de Paris com uma tia materna. Embora não fosse bonita, com um rosto anguloso, enormes olhos pretos e boca grande, e fumasse Gauloises, Mercedes foi retratada por vários pintores parisienses, que lhe chamavam "Ninette". Casou-se com um proprietário rico do

Equador. No momento da invasão alemã, deixou Paris e instalou-se no Hotel Borges, perto do conhecido estabelecimento Brasileira, no Chiado. Tornou-se uma figura pouco cristalina naquele jogo de espiões que se desenvolveu na capital lusitana durante o segundo conflito mundial. Foi recebida por Salazar no pós-guerra quase para satisfazer um capricho deste, mas acabaria por ser vista com frequência nos corredores de São Bento, encorajada por António Ferro, que a lançou como jornalista, ainda que falasse e escrevesse mal em português. Suas cartas em francês estão redigidas com uma caligrafia quase impetuosa, embora rica em ambiguidades, algo que entusiasmava Salazar. No belo mundo de Lisboa, não corrompido pela guerra, passava por espia do primeiro-ministro. Eram-lhe atribuídas influências tanto sobre a corte britânica como sobre a De Gaulle, que passará a apoiar a política salazarista. Salazar entrava uma vez por semana, sem falta, no quarto 301, situado no terceiro piso do Hotel Borges onde ela pernoitava, rompendo a rigidez dos esquemas do protocolo hoteleiro: sem se dignar a olhar para os porteiros na recepção, dirigia-se sozinho para o elevador. Noutras vezes, Mercedes voltava para o hotel a bordo do automóvel presidencial, o motorista saía e abria-lhe depressa a porta. Voltaria a viver em Paris, continuando a escrever tanto em português como em francês.

Pertence aos anos 1960 a relação completamente platônica que Salazar teve com Maria da Conceição Santana Marques, prima de Julinha Perestrelo. Embora morasse em Lisboa, na rua das Amoreiras, não abdicava de ocupar um quarto no Hotel Atlântico do Estoril no período estival, para estar perto do presidente do Conselho. O fato de ser familiar dos patrões do pai de Salazar representava para este mais um passo na escalada social. De raízes judaicas sefarditas, habituada a longas viagens, culta e erudita, devoradora de romances, Maria da Conceição não era propriamente uma beleza — baixa de estatura, óculos grossos, cabelo castanho-escuro —, embora tivesse um porte elegante mesmo quando se encontrava na sua quinta, em Elvas, não deixando de convidar o primeiro-ministro em dezembro para a matança do porco. Quando o pai Cândido morreu, tanto a mulher como a filha se viram em graves dificuldades e receberam um válido apoio do inquilino de São Bento. Constava que o ditador seria amante de ambas as mulheres, ainda que as coscuvilhices mais credíveis assegurassem que nunca se transpôs o limiar platônico. As fotografias de 1952 mostram, sem dúvida, Maria da Conceição muitas vezes ao seu lado: na praia da Figueira da Foz, nos almoços em Santa Comba Dão, nas visitas às aldeias da zona, nos encontros com altas personalidades. Os dois tinham uma diferença de idade muito elevada nessa fase: ela 37 anos, ele 63. Mas Maria da Conceição esperava ver-se casada em breve com o homem mais influente da nação. Ele tratava-a por "Mariazinha" nas cartas e consolava-a da tristeza. Mais do que amá-la a ela, amava sua companhia. Nenhuma mulher morou no palacete de São Bento e passou ao seu lado o verão como ela. Estava a passear com ele no jardim da residência presidencial quando António Rosa Casaco lhe anunciou a descoberta do cadáver do general Delgado nos arredores de Olivença. Ela ficou chocada. A partir daí, a confiança entre ambos quebrou-se para sempre.

O segredo da intimidade não permite tirar nenhuma conclusão quanto às inclinações sexuais de Salazar. Há ainda hoje em Portugal quem o defina como dedicado à castidade patriótica, sublimado sexualmente, libidinoso, misógino, e quem lhe atribua dois filhos. As cartas enviadas pelas supostas amantes são ricas em considerações e muitas vezes em ambiguidades, mas não há uma clara admissão da consistência da relação entre ele e elas, nem do ponto de vista físico nem do sentimental. Entre provas e ambiguidades, prevalece um platonismo que satisfazia de forma exaustiva o desejo de Salazar pelas mulheres.

Herança de anos de privações, de devoção religiosa, Salazar manteve durante toda a vida uma forte tendência libidinosa, quiçá voyeurista, foi um pinga-amor, mulherengo, femeeiro. Suas trajetórias foram contraditórias nesse âmbito também. De resto, nenhuma mulher alcançou em quarenta anos o cetro de *first lady*, como hoje em dia se diria. Muitas saíram marcadas do encontro com o professor de Coimbra: Felismina fez voto de castidade; Julinha Alves Moreira, a suposta esposa, morreu sem um novo casamento a sério; Maria Laura teve um segundo casamento feliz, viveu com o marido em Madri, aproveitou o sol da península Ibérica, mas também não desdenhou alojar-se no Hotel Borges, no Chiado, para rever de vez em quando o belo António; a astróloga e bailarina Maria Emília Vieira viveu a falar dos astros e a fazer horóscopos até 1998 com o pseudônimo de Sibila e, até 1967, decifrou os astros para o decadente ditador, que nascera a 28 de abril, sob o signo de Touro. Anunciava-se para ele um 1968 com Marte em oposição a Mercúrio, patrono da casa natal de Salazar, e um incidente do qual ele seria a causa. Maria da Conceição Santana Marques teve o privilégio de ser convidada pelo presidente da República para o funeral do antigo primeiro-ministro em Santa Comba Dão; viveu e morreu com o novo século, em Elvas, mantendo na sala a fotografia em que aparecia com Salazar. Garnier conseguiu visitar a tempo Salazar uma terceira vez, no Hospital da Cruz Vermelha. O três era seu número da sorte, ela que haveria de casar-se uma terceira vez, deixando esta terra em Auvers-sur-Oise, no Val-d'Oise, a 16 de junho de 1987, com um legado de trinta livros publicados.

Maria de Jesus, a governanta do país

"Depois da minha chegada a Lisboa, a Maria encarregou-se de tratar de tudo, vencendo minhas negligências. Liberta-me de todas as preocupações materiais e conhece minhas intenções melhor do que eu": é assim que Salazar confessa a Garnier o papel da sua governanta Maria de Jesus Caetano Freire. Se ele se sacrificou pela pátria, ela se sacrificou por Salazar, de corpo e alma, renunciando a qualquer prazer e morrendo virgem. Viveu inteira e exclusivamente por ele, amou-o totalmente, sem nunca lho confessar. A firmeza, a rigidez e a integridade de Maria foram o escudo, muitas vezes obscuro, atrás do qual se escondia a desapiedada lógica do poder. No fundo, pode-se dizer que ela representava as máscaras de Salazar, tudo o que era misterioso, secreto, libidinoso, vingativo.

Mãe? Protetora? Senhoria? Como se poderia definir essa mulher de rosto ossudo e espírito pugnaz, fruto do matriarcado agrícola lusitano? Quiçá a verdadeira governadora, mais do que governanta, do império português. Também ela avessa às viagens, ligada ao mundo agrícola, transformou o palacete de São Bento numa espécie de quinta dos horrores. "Penetramos agora no reino de Maria", disse Salazar a Garnier, quando passeavam no jardim e chegaram à zona da capoeira. Chegou a ter centenas de galinhas no jardim, além de patos, cães, coelhos e pombos. Uma dimensão ancestral rural que praticamente se tornou a orientação política do Estado Novo.

Desconhecida do grande público, Maria era uma mensageira de boatos e opiniões: rondava os mercados à escuta da orientação do povo e reportava a Salazar, que era refratário ao contato físico com as pessoas. Quando alguém a reconhecia e lhe suplicava que interviesse a favor de uma pessoa desaparecida ou detida, ela enfiava um bilhete na algibeira, embora soubesse que "o senhor ditador" já recebia várias cartas de mulheres e mães de condenados a suplicarem misericórdia, sem que ele mexesse uma palha. O ditador não se ocupava oficialmente dessas questões sujas; eram assuntos que diziam respeito ao diretor da PIDE, Silva Pais, e ao conselheiro

Barbieri Cardoso. Ele não sujava as mãos. O palacete de São Bento foi sua alcova de sonhos, embora também de união familiar, o rés do chão consagrado aos assuntos de Estado e o primeiro piso aos assuntos pessoais, com dois contadores da luz, um pago pelo Estado e o outro por Salazar. O semblante de d. Maria era muitas vezes um muro impenetrável, uma barreira inultrapassável. Levantava-se às seis, arrumava a casa, tomava um pequeno-almoço de cevada e pão torrado às sete. Sua desconfiança em relação ao próximo era difícil de superar. Havia que conter as fraquezas do ditador e só ela, cinco anos mais nova, tapava os rombos do seu caráter instável. Nascida em Freixiosa, freguesia de Santa Eufémia, em 20 de junho de 1894, filha de dois camponeses com prole numerosa, foi trabalhar para Coimbra, onde conheceu e trabalhou para Salazar e Cerejeira. Quando foi nomeado ministro das Finanças, o jovem professor de Coimbra pediu a d. Maria que o acompanhasse até Lisboa, para contrariedade do futuro cardeal. De certa forma, a ascensão social de ambos deu-se em comum. E ela conseguirá mudar passando de criada a governanta impecável, severa, com uma dedicação incondicional, tornando-se a "mulher mais importante de Portugal no século XX", segundo vários historiadores.

Sendo analfabeta, pôs-se a estudar até a quarta classe em Lisboa. Com o domínio de letras e números, controlava as despesas da casa, regateava os preços no mercado, registava os telefonemas aos fornecedores. Em seguida, começou a despachar as cartas que "o senhor doutor" recebia e a selecionar as pessoas com quem podia dar-se, intermediária entre o presidente do Conselho e todos os verdadeiros e supostos amigos. Com o passar do tempo, houve quem, entre políticos e advogados, lhe escrevesse diretamente a ela. Era carinhosamente tratada em São Bento por "a Tia". O único luxo que se permitia era o cabeleireiro uma vez por semana, o Salão Monteiro, onde pintava o cabelo, por tê-lo grisalho desde jovem. Vestia--se de escuro com fatos de alfaiataria. Como um cão de guarda, controlava as mulheres que rodeavam o ditador: só concedeu espaço à jornalista Christine Garnier, sabendo que era casada, e a Maria da Conceição Santana Marques, pelas raízes em comum. Embora não tivesse nenhum título oficial, cumpriu o papel de primeira-dama da nação: sua sombra acabou por invadir todos os destinos do Estado durante quarenta anos. Depois da morte do ditador, foi viver para um pequeno apartamento em Benfica e depois para uma casa de repouso em São João de Brito, onde morreria em 22 de maio de 1981. Foi nesse contexto que, devido a uma infecção urinária, um exame ginecológico revelou que era virgem.

Micas, verdadeira inocência?

Maria da Conceição de Melo Rita foi durante 35 anos a protegida de Salazar. Nascida em 1929, mudou-se de Lajeosa para Lisboa muito nova, tendo sido descoberta graças a uma capa do jornal *O Século*, de 1938, ao lado do presidente do Conselho, para si uma espécie de pai adotivo. Viveu em casa do ditador dos seis aos 28 anos, formando a protofamília de Salazar pelo parentesco de d. Maria com sua tia e o irmão José. Justamente para a distinguir da governanta, Salazar atribuiu-lhe a alcunha de Micas. Cresceu com grande receio e reverência por d. Maria, que condicionava quase todas as decisões do líder lusitano. Estudou no liceu e depois na escola comercial, arranjando emprego no Instituto de Assistência a Menores. Casou-se com Manuel Rita no Palácio de São Bento em 1957 e teve, um ano depois, o primeiro filho, ao qual chamou António e que teve como padrinho o próprio Salazar. A segunda filha chamar-se-ia Margarida.

Desaparecida em 2017, Micas teve tempo de narrar todo o seu percurso de vida no livro-entrevista de Joaquim Vieira

Os meus 35 anos com Salazar, em que, obviamente, Salazar desempenha o papel de uma espécie de pai adotivo. Paira, ainda assim, um véu de dúvida entre as páginas da sua confissão acerca do período final do homem político: por exemplo, sobre o papel de d. Maria, "a Tia", que lhe escondeu o incidente com o calista, deixando transparecer apenas "um nervosismo irascível" e que, durante a convalescença, fazia os possíveis por atestar que o estadista se encontrava bem e tinha noção de todas as coisas. Micas conta que passava todos os dias em São Bento, depois do trabalho, e encontrava Salazar sentado no seu pequeno escritório particular, perto do oratório. "Não sei bem se me reconheceria sempre, mas quando eu lhe dizia meu nome ele sorria e eu ficava com a certeza de que saberia quem tinha à sua frente. Parecia-me, na verdade, que o senhor doutor ia alternando entre momentos de lucidez e outros em que estava ausente da vida real." Para Micas, o então ex-ditador, nos seus altos e baixos, tinha longos períodos de silêncio e aparente alienação. Talvez estivesse mais lúcido do que fazia crer, não exteriorizando seu estado, e observasse e absorvesse tudo o que desfilava diante dos seus olhos. A forma de comunicação mantinha-se monossilábica, mesmo que de vez em quando articulasse uma frase longa e completa, porventura em voz baixa. No seu diário, Micas registou alguns momentos, como o dia 30 de novembro de 1969, em que o diálogo entre ambos foi profícuo, ainda que eivado de uma certa tristeza: "Peço-te que venhas sempre, pois em breve já não me encontrarás aqui". Micas recorda também algumas viagens de carro naqueles dois anos entre 1968 e 1970, como a visita à casa de campo de Duarte Martins no Estoril. Com sua "morte anunciada", segundo Micas, "pôs fim a uma dolorosa agonia de mártir".

Com o favor dos astros

Ascendera ao poder a contragosto, objetando que estava bem entre os edifícios de Coimbra e as vinhas do Vimieiro. Como deputado, assistiu apenas a uma sessão, como ministro das Finanças fez as malas e foi-se embora, como presidente do Conselho declarava que podia viver em São Bento como num tugúrio. No fim dos anos 1960, durante um certo período, o moralista do Vimieiro deixou de se confessar e comungar, tornando-se um espiritualista e abraçando a tendência ocultista que se alastrou por Portugal no início do século XX, como testemunham as *Páginas esotéricas* de Fernando Pessoa.

O palacete de São Bento tornou-se um estúdio de ocultismo, com figuras como Maria Emília Vieira, conhecida por Sibila, Carmen Lara, Madame X, a especialista em magnetismo Fernanda Moreira, Joãozinho de Alcochete, célebre médium da margem sul do Tejo. Entre os políticos que lhe eram próximos, nenhum se deu conta desse seu desvio que, de resto, interessou também outros ditadores, como Hitler. Começou a dedicar-se ao culto do dr. José Tomás de Sousa Martins, desaparecido em 1897, "o médico dos milagres" nunca reconhecido pela Igreja católica, e ia muitas vezes incógnito ao seu túmulo, no cemitério de Alhandra. Interessou-se pelos espiritistas e pelos templários, estudou os partidários da Rosa-Cruz, lendária ordem secreta e hermética cristã. Trabalhou com a maçonaria, embora tivesse ilegalizado o Grande Oriente Lusitano; participou numa iniciativa da Federação Espiritista, para depois lhe confiscar todos os bens móveis e imóveis. "Tem a cabeça entre os braços, sofre muito", diria ao seu respeito um médium, tentando descobrir sua verdadeira natureza. "Vivo de tristeza, só Deus sabe o quanto sofro", confessou ao amigo José Nosolini, deputado desde 1935, depois governador do Funchal, embaixador junto da Santa Sé e em Madri.

Os encarnados de Benfica

Com as vitórias na Taça dos Campões em 1961 e 1962, eclodiu o fenômeno Benfica. Pensou-se que seria uma consolação para Salazar oferecer à Europa uma sociedade multiétnica capaz de atingir os píncaros continentais, batendo em 1961 o Barcelona na final e derrotando, no ano seguinte, o Real Madrid por um clamoroso 5 × 3, chegando cinco vezes à final na década de 1960 (perdeu com o Inter, o Milan e o Manchester United). Na realidade, o Benfica não era bem visto pelo regime: sua cúpula era eleita democraticamente, ao contrário do que se verificava no país; a polícia chamava "gentalha" aos seus adeptos; sua cor clubística, o vermelho, fazia lembrar os que lutavam pela liberdade; seu hino, "Avante, avante p'lo Benfica", foi censurado porque evocava o jornal dos comunistas.

Vários dirigentes do Benfica lutaram contra o fascismo, de Manuel da Conceição Afonso, que era operário, a Félix Bermudes, o autor do hino abolido, de João Tamagnini Barbosa a Júlio Ribeiro da Costa. José Magalhães Godinho, conhecido opositor do regime, foi o primeiro diretor da revista do Benfica. O presidente Ribeiro da Costa foi obrigado a demitir-se, por ser considerado antifascista. O Sporting foi o clube mais próximo do regime de Salazar, ainda que o ditador não gostasse de futebol. Nos primeiros 25 anos de salazarismo, o Sporting venceu dez títulos nacionais, o Benfica nove, o Porto cinco e o Belenenses um. Nos anos 1940, também o Porto se beneficiou de ajudas do regime. Não por acaso, seus jogadores entravam em campo a fazer a saudação romana.

Os símbolos da equipa campeã da Europa foram Eusébio da Silva Ferreira, natural de Moçambique, de família pobre, que marcou um total de 313 golos, Joaquim Santana Guimarães e Mário Esteves Coluna, que eram abertamente a favor da independência das colônias. Não por acaso, várias figuras da esquerda foram e são conhecidos adeptos dos encarnados: Álvaro Cunhal, José Saramago, Xanana Gusmão, António Guterres, Jerónimo de Sousa, António Victorino de Almeida, Artur Semedo, Manuel Alegre, Miguel Portas.

Visitando o primeiro piso do Estádio da Luz, a sala de troféus conta a história desse clube de Lisboa que atingiu seu apogeu em 1962, com a segunda vitória europeia consecutiva. Sua formação típica ainda está na cabeça dos amantes do futebol, com um ataque composto por José Augusto, Eusébio, Águas, Coluna, Simões. O modelo escolhido pelo treinador húngaro Béla Guttmann, seguindo o exemplo do Brasil vencedor do Mundial de 1958, era um futurístico 4-2-4, embora se possa falar de ideias de jogo, mais do que de esquemas. Alberto da Costa Pereira era um guarda-redes seguro, Germano era um central de ferro, Coluna o cérebro, Eusébio o goleador. O "Pantera Negra" esteve para rumar a Itália, para o Milan, tendo sido travado pelo próprio Salazar, e depois para o Inter, mas, uma vez assinado o contrato, a federação italiana fechou as fronteiras depois da derrota com a Coreia do Norte no Mundial de 1966.

Eusébio, que desapareceu em 2014, ainda viu a estátua que lhe foi dedicada e erigida à porta do Estádio da Luz.

Guttmann, depois de ter treinado em Itália (Padova, Triestina e Milan), aportou em Lisboa, arrebatando o trono europeu ao mítico Real Madrid. Ouviu falar de Eusébio quando se encontrava no barbeiro e, uma semana depois, o campeão de Moçambique estava na capital portuguesa. Foi-se embora depois da derrota na Taça Intercontinental de 1961, com os uruguaios do Peñarol, acusando o presidente de desorganização, e foi mesmo treinar a equipa mais italiana de Montevidéu, fundada por emigrantes de Pinerolo. Regressou ao Benfica em 1965, fazendo então uma deselegância clamorosa aos adeptos encarnados, com a mudança para o Porto.

As aparições de Fátima

Salazar tentou de todas as formas aproveitar as vantagens proporcionadas pelas famosas aparições que tiveram lugar em Portugal. No dia 13 de maio de 1917, as pastorinhas Lúcia dos Santos, de dez anos, Jacinta Marto, de sete anos, e o pastorinho Francisco Marto, de nove anos, irmão de Jacinta e primo de Lúcia, enquanto vigiavam a pastagem na localidade de Cova da Iria, perto da cidade portuguesa de Fátima, viram descer uma nuvem e, quando esta clareou, surgir a figura de uma mulher vestida de branco com um rosário na mão, que identificaram com Nossa Senhora. Depois dessa primeira aparição, a mulher marcaria encontro com os três naquele mesmo lugar para o dia 13 de cada mês, até o dia 13 de outubro, quando aconteceu o Milagre do Sol, perante milhares de fiéis. As revelações prendiam-se com o fim da guerra de 1914-8, o segundo conflito mundial, a ameaça comunista.

Em 1930, a Igreja católica declarou as aparições como dignas de fé e autorizou o culto de Nossa Senhora de Fátima. A partir daí, Fátima tornou-se o espelho de uma nação profundamente católica, símbolo da reconciliação nacional e encontro entre um destino nacional e um destino celeste. O cardeal Manuel Gonçalves Cerejeira tornou-se o garante desse processo e Salazar e Carmona acompanhariam todo o percurso de consagração numa visão sacrificial do catolicismo fundado sobre a trilogia da dor, onipresente no mito de Fátima. Como escreve Salazar, Fátima "é a ascensão dolorosa dum calvário. No cimo podem morrer os homens, mas redimem-se as pátrias". Nos manuais escolares do início da ditadura, o binômio Fátima-Salazar era abertamente declarado na invocação de Maria, santa Maria, Maria Imaculada, Maria de Fátima. O espaço simbólico cristão organizava-se segundo os eixos céu e terra e paraíso e inferno (direita e esquerda), como herança do Antigo

Testamento, enquanto o nome de Salazar era associado às palavras "superior", "altar", "altura". Como escreveu António Ferro, "este nome, Salazar, com estas letras, deixa de pertencer a um homem para indicar o estado de espírito de um país, seu desejo profundo de regeneração, as aspirações legítimas a uma política sem política, uma política verdadeira".

Na doce paisagem da ruralidade portuguesa, onde Nossa Senhora decidira revelar-se, Salazar era apontado como "um bom mordomo". No fundo, era o filho predileto daquele país tradicional, mítico, arcaico, literário, que estava na base da sua ideia política de exaltação da concórdia nacional, a casinha lusitana de que falava Camões, a nação-aldeia rural. Um modelo ético e social, além de institucional, que norteava a viagem simbólica de Portugal, dos grandes navegadores que levaram o verbo cristão pelo mundo ao aparecimento de Nossa Senhora entre simples pastorinhos do interior lusitano, como recompensa pela missão histórica e evangelizadora da nação do infante d. Henrique. Fátima tornou-se o elemento de atualização do destino transcendente de Portugal, uma luz, um farol católico que guiava os governantes, acompanhando-os na "nostalgia do impossível". Assim, o Vaticano exaltou a partir de 1940, também com base nas respostas dadas por Lúcia a Pio XII, o culto do aparecimento celeste de Fátima e, no fim do conflito, declarou Nossa Senhora de Fátima como rainha da paz e do mundo.

Porém, Fátima ameaçou pôr em crise as relações entre o Estado e a Igreja nos anos 1960. Quando Paulo VI anunciou a intenção de visitar a Índia, o Estado português, ainda magoado pela perda de Goa, protestou classificando essa viagem como "uma deselegância gratuita, um ato inútil e injusto para um país católico". Paulo VI não deu ouvidos a Portugal e, entre 2 e 5 de dezembro de 1964, aceitando o convite do cardeal Valerian Gracias, arcebispo de Bombaim, participou no XXXVIII Congresso

Eucarístico Internacional. Graças à intervenção do cardeal Cerejeira, o papa evitou à última hora visitar o santuário de Goa e ajoelhar-se no sacrário de São Francisco Xavier.

Dirigida desde 1947 pelo primeiro-ministro Nehru, defensor de uma política de tolerância, e chefe de fila dos Países Não Alinhados, a Índia tinha naqueles anos uma relação muito tensa com o vizinho Paquistão, que desembocaria algum tempo depois no conflito armado pelo controlo de Caxemira. Além disso, embora se tivesse tornado o sétimo país mais industrializado do mundo, continuava a viver num grande desequilíbrio econômico, com bolsas de miséria e pobreza. Os cristãos representavam apenas 3% da população, composta predominantemente por hindus e, em menor número, muçulmanos.

Segundo o secretário pessoal do papa, d. Pasquale Macchi, a viagem à Índia deu azo a que o pontífice redigisse sua encíclica *Populorum progressio*, promulgada em 1967 e censurada por Salazar. Logo no ano em que Paulo VI visitou Fátima, por ocasião do cinquentenário das aparições! Antes de se deslocar à aldeia portuguesa, Paulo VI quis abrir o envelope escrito pela irmã Lúcia dos Santos, que continha os segredos de Fátima. A 13 de maio, partiu de Roma a bordo de um avião da TAP. Sua viagem de Lisboa até Fátima é acompanhada pelo toque de todos os sinos do país. À tarde, celebrou uma missa no terreiro diante do santuário, para um milhão de pessoas. Nessa ocasião, Paulo VI teve uma brevíssima conversa com a irmã Lúcia, à qual tinha sido permitido abandonar o convento de Coimbra, mas evitou dialogar com ela em público. Perante o religioso silêncio dos fiéis presentes, fez uma homilia fundamentalmente dedicada à paz no mundo. O pontífice limitou-se a um breve encontro com Salazar perante os jornalistas. O ditador saiu-se com a habitual ironia: "Tratei o pontífice por vossa santidade, ele tratou-me por vossa eternidade".

O fado censurado

A ditadura salazarista tentou enquadrar e controlar o fado através da censura preventiva das letras e da inscrição profissional dos intérpretes. Alcançou-se assim um progressivo desaparecimento da componente socialista e anarquista que tinha sido tão importante na gênese desse estilo musical. Ao mesmo tempo, a nacionalização do fado assegurou uma difusão e uma notoriedade até então impensáveis, inclusivamente pela exaltação dos grandes intérpretes, de Ercília Costa e Berta Cardoso, de Alfredo Marceneiro a Fernando Farinha e, sobretudo, Amália Rodrigues. Essa foi a "idade de ouro" do fado, para a qual contribuíram compositores como Raul Ferrão, Frederico Valério, Alberto Janes, Alain Oulman, Frederico de Freitas, Renato Varela. Alguns poetas de fado, como João Linhares Barbosa, Silva Tavares, Frederico de Brito, Júlio de Sousa, Pedro Rodrigues, José Régio, encheram as letras de grandes sentimentos: os males de amor, a saudade de alguém que partiu, a vida cotidiana, os encontros amorosos e os abandonos. A par de um fado profissional, resistiu apesar de tudo um outro, de tasca, de taberna, na fronteira com o mundo do crime e da pequena delinquência urbana, chamado "fado vadio", popular e espontâneo, com um lado mais intimista e secreto, subversivo e de protesto.

O feliz encontro nos anos 1960 entre Amália Rodrigues e Alain Oulman mudou o destino desse gênero musical, ainda que seus destinos pessoais se tenham separado, tornando-se ela, sem querer, um símbolo do Estado Novo e ele, um opositor do regime. Seguindo o exemplo de Léo Ferré, que cantava Rimbaud e Verlaine, o compositor transpôs para a música os grandes poetas portugueses, como o clássico Luís de Camões, João de Deus, João Roriz, Camilo Castelo Branco, os contemporâneos José Carlos Ary dos Santos, Alexandre

O'Neill, Pedro Homem de Mello, Manuel Alegre, David Mourão-Ferreira e muitos outros. Como compositor, Oulman escreveu cerca de sessenta fados para Amália.

De família judaica, ligado à esquerda e à oposição antifascista, Oulman foi detido pela PIDE em 1966, levado para a prisão e depois expulso para França. Em Paris, assumiu a direção da editora da família, a Calmann-Lévy, fundada em 1836 por Simon Lévy. Dentre suas composições, conta-se a música de "Meu amor é marinheiro", para o poema "Trova do amor lusíada", que Manuel Alegre escreveu quando estava preso em Luanda. Oulman contou que seu "Fado de Peniche" foi proibido depois de ter sido considerado um hino aos presos políticos encarcerados naquele famigerado estabelecimento prisional. Com a Revolução dos Cravos, defendeu Amália das acusações de conivência com o regime. De resto, também Amália demonstrou que estava contra qualquer atropelo humano, cantando a esplêndida "Inch'allah", escrita por Salvatore Adamo em 1967. A par de Alain Oulman, outros fadistas de esquerda, como Carlos do Carmo, José Afonso e José Carlos Ary dos Santos, contribuíram para relançar o fado na tradição popular portuguesa, inclusivamente depois da Revolução de 1974.

5.
Dois anos morto, embora vivo

Tinha sido uma sombra durante toda a ditadura, um homem vivo, embora ausente, imperturbável e frio, repugnado pelo "poder da multidão", sem nunca cortar uma fita, visitar um país estrangeiro, ter um jantar de convívio, ir a uma cimeira internacional, ou seja, um ícone sem celebrações. Agora, de regresso a São Bento, era um morto-vivo, arredado pelo menos daquela passarela deplorável do poder, daquelas intrigas palacianas que se desenvolviam ao lado do quarto 68 onde Salazar jazia à espera de uma morte que teimava em não chegar. O cardeal Cerejeira escrevera até, com a ajuda do padre Moreira das Neves, a oração fúnebre, com dezoito minutos de duração. Ao que parece, a que proferiu dois anos depois foi essa, redigida em 1968. Com efeito, a agonia do morto-vivo durou uns bons dois anos, como durou o fingimento dos altos cargos públicos em relação àquele que outorgara cada função aos que estavam perto de si e esperavam o que não acontecia.

Quando chegou o dia da alta hospitalar, 5 de fevereiro de 1969, d. Maria pediu uma ambulância e médicos para acompanharem Salazar no regresso a casa. Ao que parece, os diretores do hospital terão perguntado: "Para ir onde?".

"Para sua casa", respondeu peremptoriamente a governanta.

"Qual casa?", replicaram os diretores.

"Os senhores sabem perfeitamente qual é sua residência oficial. A do Vimieiro não está em condições de receber um homem nesse estado", disse a mulher.

O presidente Tomás falou com Marcelo Caetano, o qual deu luz verde ao regresso de Salazar a São Bento. O dr. Coelho interpelou o Serviço Meteorológico Nacional e, quando o termômetro marcava dez graus e o sol brilhava, mandou que a ambulância fosse buscar o doente. Segundo d. Maria de Jesus, tudo deveria voltar ao que era, e nenhum médico ou enfermeiro deveria revelar ao doente grave o que mudara na vida política do país: os ex-ministros deveriam continuar a ser ministros, os governadores também, os chefes da PIDE idem, Américo Tomás deveria contar-lhe tudo o que acontecesse na pátria e no ultramar. No fundo, ele era o chefe de todos, e todos lhe deviam o posto que ocupavam. Se o país aguentara quatro décadas, poderia ter um pouco mais de paciência.

Assim, assistiu-se nesses dois anos à encenação mais teatral que um poder político e institucional alguma vez organizou, pois nunca ninguém disse a Salazar que seu papel chegara ao fim; aliás, tudo foi feito para lhe dar a entender o contrário. Num estado semivegetativo, o professor de Coimbra continuou a assinar folhas atrás de folhas, a dar conselhos aos ministros, a queixar-se do seu desinteresse, a fazer reuniões de governo, a conceder audiências e a enviar missivas para todos os cantos do império. Seus colaboradores mais chegados continuaram, como se nada tivesse acontecido, a desempenhar as mesmas funções, a mostrar-lhe a correspondência, a enviar despachos e telegramas para os locais mais remotos das colônias, a dar indicações à PIDE quanto à perigosidade deste ou daquele opositor apontado por uma carta anônima, a mostrar-lhe projetos de infraestruturas e a pedir-lhe conselhos sobre vários aspectos da vida do país. Num limbo em que não percebia o que mudara, seguido por dezenas de médicos e enfermeiros, enfraquecido pelos medicamentos que lhe alteravam o comportamento psíquico, Salazar contou também com uma ajuda da Fundação Gulbenkian, que, nesse período, investiu bastante na investigação científica. O esforço de o manter com vida não foi de pouca monta, mesmo do ponto de vista financeiro. O total das contas do Hospital da Cruz Vermelha — operação, hospitalização e posteriores internamentos — perfez 5,6 milhões de escudos (o equivalente a 1,5 milhão de euros), pagos em tranches pelo Ministério da Economia e, depois, pela Secretaria de Estado do Comércio e pelo Ministério da Defesa.

No regresso a São Bento, o dr. Coelho permaneceu ao seu lado, dia após dia, tendo tido a perseverança de anotar todos os pormenores, todos os encontros, todas as situações daquele imenso fingimento.

O primeiro a visitá-lo em 8 de fevereiro foi o cardeal patriarca Cerejeira, que constatou a forte recuperação do seu amigo. Nesse início de ano, seguiram-se outros encontros: Azeredo Perdigão, presidente da Fundação Gulbenkian, os representantes do movimento Integralismo Lusitano, que pretendia restabelecer a monarquia tradicional, o professor Bissaia Barreto, o engenheiro Jorge Jardim, antigo subsecretário de Estado do Comércio e da Indústria, a marquesa do Faial, o governador-geral de Moçambique Rebelo de Sousa. O ex-ditador tomava nota de todos os encontros e redigia projetos, escrevia sobre Espanha, sobre a possibilidade de fazer com que Gibraltar regressasse à terra-mãe e dar autonomia à Guiné Equatorial. A censura não parara de trabalhar e travava até os comunicados escritos pelo punho do dr. Eduardo Coelho a respeito da saúde do doente grave. A partir daí, a existência de Salazar retomou os ritmos anteriores: três encontros por dia, à tarde. Alguns eram gravados, para a elaboração de serviços jornalísticos em cassete de vídeo que só eram mostrados ao ex-ditador, como se fossem retirados do telejornal. O mesmo acontecia com os noticiários radiofônicos, construídos para si apenas, elaborados com os acontecimentos que diziam respeito ao doente de São Bento.

O primeiro encontro governamental oficial acontece a 5 de abril, com o ministro do Interior, António Gonçalves Ferreira Rapazote, por si nomeado em agosto do ano anterior, depois do acidente com a cabeça. Pela primeira vez, Salazar torna-se vítima também da sua criatura, a censura. Não é emitido nenhum comunicado sobre aquilo que dias antes teria ocupado a primeira página dos jornais. Quem fez referência ao encontro foi o *Diário de Notícias*, na única edição especial destinada ao então ex-presidente do Conselho que Augusto de Castro Sampaio Corte-Real tirava pessoalmente, às quatro da manhã, na tipografia do diário, com uma ponta de sorriso sardônico. Apenas um exemplar, um paquete, um carro que parava diante do palacete de São Bento e uma leitura que confirmava a existência do poder absoluto do professor de Coimbra.

Em abril, circularam boatos de um possível internamento de Salazar numa residência protegida, eliminando-se até a consulta diária do dr. Coelho. Durante uma visita do ministro da Saúde, Lopo de Carvalho, foi anunciada uma vigilância próxima feita pelo eminente professor Merritt, já interpelado aquando da hemorragia no hemisfério cerebral direito.

Em 11 de abril, sete meses depois do acidente vascular, o médico norte-americano interrogou durante setenta minutos o ex-presidente do Conselho. "Foi um autêntico interrogatório inquisitorial", anotou o dr. Coelho. As apreciações de Salazar foram, como habitualmente, pungentes e debruçavam-se sobre a situação no Médio Oriente, a guerra do Vietnã, o comportamento de Lyndon Johnson, o papel histórico do general Dwight D. Eisenhower. Uma segunda visita teve lugar em 15 de abril. O professor Merritt lavrou um relatório para Américo Tomás em tons pessimistas.

Foi nesse mês que a polêmica em torno do estado de saúde de Salazar estourou furiosamente. O prestigiado jornal *Le Monde* de 8 de abril escrevia que a censura também afetava Salazar, último episódio de "uma pequena guerra" entre o governo e o dr. Coelho, médico pessoal do velho ex-líder. O diário parisiense citava ainda o presidente Tomás, segundo o qual Salazar "não está em condições de compreender e de ler". Porém, no dia 28 de abril, Salazar apresentou-se em público pelos seus oitenta anos, saudando no jardim residencial os estudantes de Coimbra, dentre os quais um africano, neto do último descendente da dinastia que prestou ato de vassalagem a Portugal. A televisão recolheu as palavras que o velho líder dirigiu aos estudantes e aos que se interessavam pelas suas condições de saúde. Salazar foi filmado sentado numa poltrona, com um atril e dois microfones à sua frente. A decisão foi tomada pelo presidente da RTP, Ramiro Valadão, e aprovada pelo secretário de Estado da Informação, Moreira Baptista, depois da luz verde de Marcelo Caetano. Nessa noite, foi encenada no país aquela que Jaime Nogueira Pinto, ex-diretor d'*O Século*, definiu como "a segunda morte" de Salazar.

A voz saía trêmula, insegura, as palavras num passo incerto. Era o rosto aflito do ditador vencido pelo seu físico, um velho adoentado, confuso, balbuciante, despojado daquele maquiavelismo que caracterizara suas intervenções anteriores, todas para serem interpretadas, mais dirigidas à classe política do que ao povo. Foi a última aparição televisiva oficial do grande ditador, as outras foram censuradas. Como disseram os novos dirigentes do país, "limitemo-nos a minorar seu sofrimento".

A questão Salazar tornou-se um caso internacional no verão de 1969, quando o jornal francês *L'Aurore* enviou a Lisboa seu chefe de redação Roland Faure (que se tornaria diretor da Radio France), com o propósito de fazer o ponto das novidades surgidas na sequência da doença repentina de Salazar. Faure entrevistara já por três vezes o antigo déspota, estando por isso familiarizado com a entourage de São Bento, ainda que seu jornal nunca fosse muito brando com a ditadura portuguesa e ele próprio tivesse entrevistado opositores do regime, como Humberto Delgado e Henrique Galvão. O primeiro rendez--vous com Salazar acontecera em 1962, graças à intermediação de Augusto de Castro, uma vez que seu *Diário de Notícias* tinha uma espécie de geminação com o diário parisiense. Faure falava bem português, por ter vivido dois anos no Brasil, e Salazar, como se sabe, era um amante do francês.

Na realidade, Faure dirigiu-se a Lisboa com a intenção de entrevistar Marcelo Caetano, depois de ter recebido autorização do Secretariado Nacional de Informação. O novo primeiro-ministro estava feliz por dar sua primeira entrevista a sério a um grande diário francês. Quase a desafiar o embaraçoso passado, Caetano recebeu o enviado francês no Forte de Santo António, no Estoril, onde seu antecessor costumava dar as entrevistas a jornalistas estrangeiros. O encontro prolongou-se por mais de três horas, com almoço e passeio à beira--mar, uma forma de se distinguir de Salazar, que não almoçava com os convidados e contemplava o mar à distância, de binóculo. Aliás, no decurso da entrevista, o novo primeiro-ministro nunca proferiu o nome do seu antecessor — tratando-o com o título oficial de presidente do Conselho —, deixando transparecer que, ao contrário do que acontecia no passado, pretendia ter uma comunicação direta com o povo português, os colonos e os habitantes do ultramar.

Foi em Lisboa que o jornalista francês notou a sensação difundida entre as pessoas de que Salazar não estaria ao corrente da substituição sofrida e, sobretudo, que o presidente da República Tomás nunca tivera a coragem de lhe comunicar a mudança ocorrida. Com arrojo e faro de jornalista, telefonou para

São Bento. Incrivelmente, atendeu-o d. Maria, a quem já conhecia. Depois de vários obséquios, Faure exprimiu o desejo de rever Salazar. Após um longo silêncio, d. Maria disse que ia falar primeiro com o doutor, a fim de ter o consentimento para o encontro. A resposta chegou no dia seguinte. A única condição que d. Maria punha era a de ele não revelar a Salazar que tinha sido substituído por Marcelo Caetano. Às 18h45 de 20 de agosto, Faure entrou no palacete de São Bento. Era o primeiro jornalista, quase a um ano de distância da operação, autorizado a falar com o ex-presidente do Conselho, um dos homens mais poderosos do século XX. Circulavam pelo edifício enfermeiros, médicos e até o ministro do Interior. D. Maria recebeu o convidado com cordialidade, renunciando ao seu costumeiro ar mal-encarado e conversando em francês. Explicou-lhe que "o senhor doutor" não andava, nem sequer com o auxílio de uma bengala, não lia livros nem jornais, não via televisão e não ouvia rádio, mas que era informado de tudo graças aos colaboradores e aos amigos que o visitavam cotidianamente. A governanta voltou a pedir que não revelasse a atual condução institucional de Portugal.

O jornalista encontrou o homem político no jardim, sentado numa cadeira com uma belíssima buganvília atrás de si. Vestido de branco, gravata preta, os habituais sapatos com grande solidez, o velho líder tinha limitações na parte esquerda do corpo. Reconheceu de imediato o jornalista e pôs-se a falar em francês, mostrando-se informado sobre a atualidade da situação parisiense, com a chegada ao poder de Georges Pompidou e o fim da era De Gaulle, quase um paralelismo com o que lhe acontecera a si. Era uma verdadeira bizarria: sabia tudo de França e nada de Portugal, conhecia o que acontecia na União Soviética e não em Lisboa. Chegou a afirmar que receava que os russos se instalassem na Lua, transformando-a numa base de agressão. Não sabia que tinha sido substituído um ano antes, achava que o presidente Tomás assumira suas funções quando estava no hospital, mas que teria agora regressado ao seu posto, tal como o próprio jornalista podia constatar. Quanto a Marcelo Caetano, recordava que tinha sido várias vezes ministro, mas que agora se limitava a dar aulas na universidade. Eis suas palavras:

> Conheço bem Marcelo Caetano. Foi várias vezes meu ministro e aprecio-o. Ele gosta do poder: não para retirar quaisquer benefícios pessoais ou para a família: é muito honesto. Mas gosta do poder pelo poder. Para ter a impressão exaltante de deixar sua marca nos acontecimentos. É inteligente e tem autoridade, mas está errado em não querer trabalhar conosco no governo. Porque, como sabe, ele não faz parte do governo. Continua a lecionar direito na Universidade e escreve-me às vezes, a dizer-me o que pensa das minhas iniciativas. Nem sempre as aprova — e tem a coragem de mo dizer. Admiro sua coragem. Mas parece não compreender que, para agir com eficácia, para ter peso sobre os acontecimentos, é preciso estar no governo.

Foi uma declaração tão estrondosa que mereceu a parangona do jornal de 7 de setembro de 1969, que à época vendia 400 mil exemplares, tanto quanto *Le Figaro*, seu principal adversário: "Salazar julga que ainda governa Portugal" foi o título principal. Como uma personagem shakespeariana, o rei nunca mais morria.

A conversa no jardim de São Bento durou cerca de uma hora e foi interrompida por d. Maria, que recordou a Salazar que havia duas senhoras à espera. Ele ficou imóvel sob a luz da pérgula, justamente como um rei eterno que não tem dia nem noite, sem tempo. O jornalista passou a noite inteira a escrever no hotel. Quarenta anos depois, confessou ao *Expresso*:

"Como não tomara notas (nunca as tomei nas entrevistas com Salazar), precisava de ter a memória o mais fresca possível. Escrevi como se fosse uma câmara de filmar, a mostrar tudo quanto captara". Antes de deixar Lisboa, solicitou um encontro com o secretário de Estado da Informação e do Turismo, Moreira Baptista. "Levou-me até Cascais. Contei-lhe que tinha entrevistado Salazar. Ficou estupefato! Só me perguntou se ia publicar. Respondi-lhe que sim, que era um grande documento", contou a muitos anos de distância.

A direção de *L'Aurore* em Paris decidiu publicar as duas entrevistas, primeiro a de Caetano e depois a de Salazar, com uma fotografia inédita do ex-ditador tirada dois meses antes por um amigo seu, um deputado brasileiro. No mundo ocidental, a entrevista teve o efeito de uma bomba. Como escreveu Franco Nogueira, antigo ministro dos Negócios Estrangeiros, na biografia de Salazar, *L'Aurore* era um jornal respeitável e Roland Faure um jornalista íntegro, portanto "não se podia duvidar do fato de que, na essência, a entrevista correspondesse à realidade".

Obviamente, as declarações de Caetano foram recuperadas pelos meios de comunicação portugueses, ao contrário das de Salazar. Os únicos três exemplares do diário francês que chegaram a Lisboa com o artigo respeitante ao doente de São Bento foram travados pela PIDE no aeroporto e mandados para a papeleira. Uma vez mais, Salazar era vítima da sua criatura predileta, a censura. No entanto, não faltaram comentários de outras publicações: Bruce Loudon, correspondente em Lisboa do *Daily Telegraph*, recuperando o furo de Faure, definiu a entrevista como "indiscutivelmente embaraçosa"; o jornal espanhol *Hoy* descreveu como "fantasmagórica" a situação em que se encontravam o anterior e o novo governo português. Uma bela partida pregada pela imperscrutável ex-governadora do país àqueles que tinham defenestrado seu protetor. Numa reportagem da prestigiada revista *Time* de dezembro, subli-nhava-se que ninguém tinha a coragem de dizer a verdade ao ex-ditador octogenário. O artigo referia as confissões de d. Maria a uma amiga, em que recordava que o presidente Tomás fazia visitas frequentes a São Bento com a firme intenção de confessar a verdade, mas depois não dizia uma única palavra.

Em 26 de outubro, deu-se outro episódio bastante contro-verso, quando Salazar se dirigiu à mesa de voto da Freguesia da Lapa, para manifestar seu voto nas eleições legislativas. Pa-recia uma cena de anos antes: uma multidão jubilosa a saudar a chegada do carro blindado do ditador. As máquinas fotográ-ficas e as máquinas de filmar da televisão portuguesa estavam prontas para registar o acontecimento. E, de fato, vê-se clara-mente nos arquivos da RTP um sorridente Salazar sentado na parte de trás da viatura com Maria da Conceição de Melo Rita e d. Maria a seu lado. O presidente da mesa de voto aproxima--se do automóvel e recebe o boletim fechado de Salazar sem o obrigar a sair e sem o tradicional banho de multidão. Só pou-cos meses antes, essas imagens teriam aberto os telejornais e inundado as emissoras coloniais; mas, incrivelmente, a filma-gem foi parar aos depósitos da televisão do Estado, para só ser exumada depois da morte do ditador. O marcelismo não ou-sara mostrar o próprio passado. Só a edição especial do *Diá-rio de Notícias*, chegada de manhã cedo a São Bento, reportava com grande evidência o belo sorriso de Salazar pronto a entre-gar seu boletim eleitoral ao presidente da mesa de voto.

Depois do incidente com o diário *L'Aurore*, houve uma limi-tação dos contatos do ex-ditador: a partir de 29 de novembro, o presidente da República vetou as pessoas autorizadas a entrar em São Bento. No dia seguinte, um ministro visitou Salazar e anunciou as restrições impostas, embora nesse mesmo dia se tivesse apresentado uma delegação do Maláui formada por vá-rios ministros, que tiraram bastantes fotografias e realizaram uma filmagem. Um polícia foi multado por ter permitido o acesso à delegação sem a autorização do presidente da República. O fato de os ministros de um país que fazia fronteira com Moçambique terem decidido encontrar-se com Salazar causou pânico a Marcelo Caetano, que se sentiu desautorizado das próprias funções. Que teriam discutido? Que acordara Salazar com os dirigentes do Estado independente desde 1964? Uma vez mais, a arte do silêncio do imarcescível ditador inquietava os palácios pombalinos.

O fim e o adeus

No dia 13 de julho de 1970, o velho leão adoeceu com uma infecção renal que rapidamente se disseminou a outros órgãos. Entrou em diálise em 21 de julho, mas também dessa vez pareceu se recuperar, contrariamente às previsões dos médicos. Em 24 de julho, repentinamente, piorou e em 27 de julho, às 9h15 da manhã, morreu com uma embolia fulminante, na sequência de uma flebotrombose. Estava um belo dia de verão e o Tejo toscanejava molemente diante do Atlântico. Ao lado da cama estava d. Maria de Jesus, com o rosto impassível. "Manteve-se sempre imperscrutável, não fez um único gesto", recordam os médicos presentes.

"Não foram as complicações gravíssimas, de órgão em órgão, era a vida inteira do seu organismo, era a dor do espírito, eram as dores da alma", escreveu Eduardo Coelho. Tinham se passado 23 meses desde a famosa queda da cadeira de pano. Às 10h38, entrou no palacete o presidente do Conselho Marcelo Caetano, acompanhado pelo chefe de gabinete Quezada Pastor, que subiu de imediato ao piso superior onde estava o corpo.

À tarde, os jornais lançaram edições especiais. O *Diário de Lisboa* titulou: "Morreu Salazar: o antigo chefe do governo sucumbiu às 9h15 de hoje". Embaixo, a fotografia com a chegada de Marcelo Caetano e a narração dos últimos instantes de vida. No dia seguinte, o anúncio do funeral no Mosteiro dos Jerónimos. E depois a decisão da irmã, Maria Leopoldina, de embalsamar o cadáver. A partir das seis da manhã, o professor Arsénio Nunes, diretor do Instituto de Medicina Legal, e seus colaboradores procederam à difícil operação de conservação do corpo. O presidente da República Tomás, que se encontrava em visita oficial a São Tomé e Príncipe, interrompeu a viagem para regressar a Lisboa, aonde chegou às dez e meia da noite, para participar no funeral de Estado. Chegaram do mundo inteiro telegramas e declarações, incluindo uma mensagem de Paulo VI.

Às 10h50, o cortejo fúnebre saiu do palacete e atravessou o jardim: o féretro chegou à porta da sede do Parlamento, onde parou alguns minutos. A guarda de honra foi prestada pelo segundo batalhão da GNR, a banda militar entoava a marcha fúnebre de Chopin. O caixão, transportado por agentes da polícia militar, desceu com lentidão a grande escadaria da Assembleia Nacional, seguido de Caetano de fraque, membros do governo também eles vestidos para a ocasião, autoridades militares e civis. Diante do ataúde, o pároco da Basília da Estrela, Tobias Duarte, e seus acólitos. O féretro, coberto com o pano nacional, foi inclinado para descer a escadaria. Seguiam-no os pajens que traziam, depostos em almofadas de veludo, os vários títulos alcançados em quarenta anos de governo. O caixão foi levado de São Bento para o Mosteiro dos Jerónimos e instalado no transepto da enorme basílica de Belém. O longo cortejo foi acompanhado por soldados a cavalo, automóveis blindados e camiões cheios de flores, com imensa gente a ladear a rua, meninos das escolas e militares fardados a rigor. Curiosamente, o caixão estava depositado numa velha furgoneta militar conduzida com algum custo pelo jovem motorista militar Juscelino Venâncio Dias Rodrigues. À chegada à basílica, alinharam-se os elementos do regimento de artilharia. Atrás do féretro, d. Maria de Jesus e a irmã de Salazar, ambas ajudadas por duas enfermeiras de farda branca.

O chamado "lado do Evangelho" do mosteiro ficou reservado à família de Salazar, à mulher do presidente da República, às mulheres dos presidentes da Assembleia Nacional, da Câmara Corporativa, do Supremo Tribunal, aos membros do governo e às várias autoridades; do "lado da Epístola" estavam sentados os membros das várias famílias reais presentes em Portugal e o corpo diplomático. Ainda no "lado do Evangelho", perto do transepto, encontraram lugar os oficiais e os generais, o presidente da câmara, os procuradores, os deputados, altos funcionários do Estado e ex-representantes do governo.

À uma da tarde, começaram os piquetes oficiais junto do corpo, visível ao público, com duração de meia hora. Os primeiros foram os membros do governo em funções, seguidos pelo corpo diplomático e pela Otan, depois os deputados da Assembleia Nacional e da Câmara Corporativa. Salazar aparecia com o nariz aguçado e segurava um rosário entre as mãos. Milhares de pessoas passaram em melancólica peregrinação diante dos despojos mortais. "São sobretudo as mulheres quem quer dar um último cumprimento ao antigo chefe do governo", escreveu o *Diário de Lisboa*.

A primeira assinatura disposta no registo fúnebre foi a do engenheiro Sebastião Ramirez, seguido do professor Bissaia Barreto, do príncipe da Beira e da sua tia, d. Filipa de Bragança.

"O funeral de Salazar", titulava em página inteira o *Diário de Lisboa* de 29 de julho, avisando que, por causa da ocasião, a edição era composta por 36 páginas com o visto da censura. Às seis da manhã, a câmara ardente foi encerrada para preparar o corpo para a longa viagem. Com as mais altas autoridades presentes, o cardeal Cerejeira celebrou ao lado de d. João de Castro, vigário-geral do patriarcado de Lisboa, a missa acompanhada pela Orquestra Sinfônica nacional e pelo coro nacional de São Carlos. D. Manuel Gonçalves Cerejeira benzeu o corpo, saudado uma última vez por Américo Tomás, pela mulher Gertrudes Rodrigues Tomás e pelas restantes autoridades. Terminada a cerimônia, os marinheiros e os soldados levantaram o caixão e puseram-no numa plataforma especial construída no lado sul da praça do Império, com a homenagem militar do Comando da Guiné em nome de todas as forças coloniais. Na presença do presidente Tomás, a nação inteira despediu-se do homem que durante quarenta anos dirigira os destinos de Portugal. Às 12h45, o corpo foi posto num comboio que atravessou o país, parando em Coimbra e chegando por fim a Santa Comba Dão. O presidente Tomás, juntamente com outras personalidades, aguardava pelo comboio na pequena estação ferroviária, onde alguns soldados retiraram o caixão do comboio presidencial, transferindo-o para um veículo militar. Daí, um novo cortejo seguiu o féretro ao longo do percurso, com muitos alunos das escolas locais e cerca de 6 mil elementos das Forças Armadas nas bermas da estrada. Depois de uma paragem na pequena Igreja de Santa Cruz, que dista cinquenta metros do campo-santo, a multidão acompanhou Salazar ao cemitério: um cortejo sóbrio e silencioso percorreu as ruas da povoação, passando à porta da modesta casa natal, com pintura recente, até a última morada terrena. Uma vez sepultado, as pessoas entraram no cemitério para um derradeiro cumprimento.

A Revolução dos Cravos

Salazar arrastou para o túmulo o último império marítimo ocidental. Os outros Estados europeus cediam já às pressões locais e internacionais no sentido de concederem a independência às colônias, processo que se iniciara no pós-guerra. O antigo ditador, por sua vez, nunca quis alforriar Portugal do seu sonho de grandeza ultramarina, desencadeando um brutal conflito entre a pátria e as colônias, que custaria milhares de mortos. A aventura colonial encaminhou o regime para um beco sem saída: na ausência de um exército organizado, o governo viu-se obrigado a prolongar o serviço militar obrigatório a quatro anos! Muitos jovens preferiram o exílio a acabarem mortos na umidade de África, em particular aqueles que tinham nascido e crescido nos grandes países africanos e se veriam forçados a alvejar pessoas conhecidas. Foram mais de 8 mil os desertores e 200 mil os refratários que preferiram mudar-se para o estrangeiro, sobretudo para França e Alemanha, Estados Unidos e Brasil, a envergarem a farda. Em 1966, os portugueses que viviam no estrangeiro atingiram a considerável cifra de 4,8 milhões de pessoas. Um quarto dos emigrantes dos anos 1960 eram clandestinos, com picos de saídas de 37 mil pessoas em 1964.

Exacerbou-se também a repressão, através de novas deportações, detenções domiciliárias, desaparecimentos, purgas aos universitários, demissões forçadas e bloqueio das carreiras dos opositores. Uma geração inteira foi queimada na guerra africana que levaria à morte de 8289 soldados portugueses. Os estudantes, recrutados como oficiais do quadro de complemento, viam minguar suas hipóteses de levar uma existência normal, de vir a tirar uma licenciatura ou conseguir emprego. Os que foram obrigados a alistar-se a contragosto provinham de uma vida universitária em que tinham aprendido os princípios antifascistas, também influenciados pela forte aragem de contestação que imperava no resto da Europa.

Assim, Portugal pôs nas mãos das próprias Forças Armadas um número crescente de opositores. Com 220 mil efetivos, o exército acabou por se tornar o ponto de convergência político dos problemas do país. Perante a derrota crescente na

Guiné, considerada o Vietnã português, um grupo de oficiais elaborou no final de 1973 um documento de crítica à ação militar. Na Beira, em Moçambique, verificaram-se então execuções sumárias por parte de colonos e estalaram fortes confrontos entre estes e o exército. A situação estava objetivamente pronta para o nascimento do Movimento das Forças Armadas, que teve importantes assembleias em Évora, Oeiras e Óbidos, nas quais se definiu a necessidade de uma intervenção armada para destituir o regime. No início de 1974, o documento intitulado "O movimento, as Forças Armadas e a nação" — considerado o primeiro manifesto dos capitães — gozou de ampla difusão entre os oficiais de todos os postos. Teve lugar uma reunião secreta em Bissau, capital da Guiné.

Para consolidar o descontentamento, contribuiu também o livro do general António de Spínola, veterano de Angola e governador da Guiné, *Portugal e o futuro*, editado em 23 de fevereiro de 1974, que em poucos dias obteve um resultado de vendas jamais visto no país. Marcelo Caetano não impediu seu lançamento, pois Spínola era vice-chefe do Estado-maior das Forças Armadas e obtivera o visto do chefe do Estado-maior Costa Gomes, que aliás se recusara oficialmente a prestar juramento de lealdade ao governo no decurso de uma cerimônia pública. Porém, Caetano reagiu brutalmente, destituindo em 14 de março os dois generais, Spínola e Costa Gomes, que viriam a tornar-se presidentes da República na sequência da Revolução dos Cravos: o primeiro com tendências conservadoras; o segundo, revolucionárias.

Como prova do descontentamento que se alastrava nas Forças Armadas, deu-se um levantamento em 16 de março nas Caldas da Rainha, a cem quilômetros de Lisboa, que levou à detenção de duzentos soldados rebeldes. Era o ensaio geral para o 25 de abril de 1974. Como declarou o mítico Otelo Saraiva de Carvalho, cérebro da operação, "tudo se organizou em apenas vinte dias". Quando às 00h25 de quinta-feira, 25 de abril, a Rádio Renascença pôs no ar a canção "Grândola Vila Morena" de José Afonso, o plano tornou-se irreversível e os jovens oficiais ganharam em pouco tempo o controlo do país, prendendo os superiores que fossem contrários à sublevação. Curiosamente, no dia 24 de abril de 1974, às duas da tarde, quando os militares já tinham dado ordem à Rádio Renascença para transmitir a canção, o responsável Carlos Albino, não tendo verificado antes, apercebeu-se de que não existia cópia do disco nos estúdios da rádio. Foi então à pressa, sem informar ninguém, à Livraria Opinião, onde adquiriu uma cópia do álbum *Cantigas do maio* de José Afonso, que continha a canção que daria o sinal de partida para o fim do regime mais longevo da Europa. Ainda que a canção fosse proibida, o álbum que a continha estava felizmente à venda.

Nessa noite, em Lisboa, os revoltosos apoderaram-se do aeroporto, da rádio, da televisão, dos estabelecimentos prisionais, cercaram os edifícios ministeriais e os da polícia. Vários ministros puseram-se em fuga. A rendição mais difícil foi a da PIDE: das janelas da sede, os agentes dispararam sobre a multidão, matando seis pessoas, os únicos heróis caídos na revolução. Também foi complicada a rendição do presidente do Conselho, que se refugiou no interior do quartel-general da Guarda Nacional Republicana, no largo do Carmo. As negociações foram conduzidas pelo capitão Salgueiro Maia, que no dia da revolução encabeçara a coluna de blindados que sitiou os palácios do poder. No domingo, 28 de abril — com a chegada de Paris do comboio Sud Expresso, rebatizado Comboio da Liberdade, carregado de exilados encabeçados por Mário Soares, à Estação de Santa Apolónia —, a revolução chegou ao fim e tudo voltou à normalidade: o tempo lento reconquistou o ritmo da cidade, o aroma do café dispersou-se de novo pelas ruas, o cheiro da graxa dos engraxadores dominou o ar do Rossio, e o dos jornais acabados de imprimir impregnou os quiosques tomados de assalto pelas pessoas, subitamente envolvidas numa revolução inesperada. Também o futebol voltou ao centro das atenções: nesse dia, o Benfica venceu o Clube Oriental por 8 × 0 no torneio da Taça de Portugal. Uma onda de emoção espalhou-se pelo mundo a propósito daquela Revolução dos Cravos em que os canos das espingardas dos soldados se encheram de flores vermelhas. Foi uma senhora chamada Celeste quem distribuiu os cravos aos militares que apinhavam o largo do Carmo; outros cravos foram oferecidos por um par que ia casar, mas que adiou a cerimônia por causa da revolução; outros ainda foram trazidos do aeroporto, onde um carregamento de cravos não conseguiu partir para o estrangeiro devido ao bloqueio do tráfego aéreo. E foi assim que Lisboa se coloriu com essas flores, consideradas uma panaceia para os sofrimentos.

Anatomia de um déspota

Dá que pensar como um homem do campo resistiu quarenta anos no poder sobre o ex-império lusitano. Seu Portugal pouco ou nada foi tomado pelo progresso que envolveu outras nações ocidentais no pós-guerra, permaneceu um país fundamentalmente agrícola, com uma indústria na mão das multinacionais tanto na pátria como no ultramar, com um baixo nível de vida e uma parca propensão para assimilar modas e tendências que explodiam no resto da Europa. Salazar estava cada vez mais perdido e isolado num mundo moderno, não fazia ideia do que existia fora das fronteiras nacionais, encantado com um sonho em total agonia. Embora não fosse carismático, era vítima de uma mania da grandeza: sentia-se o único português capaz de representar o interesse nacional e o único em condições de impedir o desmembramento do império.

As motivações do seu apego ao poder não são óbvias, como as de outros sátrapas: não tinha nenhum plano de expansão, como Hitler e Mussolini; não tinha nenhum "Pacto de Sangue", como Francisco Franco, que unia os vencedores contra os vencidos; não possuía um patrimônio ideal a defender, como Stálin; não tinha desígnios nacionalistas contra outras raças, como Ante Pavelić e seus famigerados *ustaše*. Para mais, não tinha uma família desejosa de enriquecer, sendo escrupuloso na administração dos assuntos do Estado. No seu egocentrismo, julgava ter uma missão ditada pelo Senhor ("Não creio no destino, creio na Providência", confessou a Christine Garnier), considerava-se herdeiro dos grandes conquistadores e, logo, não podia renunciar às províncias ultramarinas, via-se como o centro inalienável de um sistema político conservador que, de outro modo, ruiria. O cardeal Cerejeira, seu amigo pessoal, incentivou essa incumbência visionária: "Foste tu, entre todos os portugueses, o escolhido para realizar o milagre. Deus deu-te a prudência, o poder e o gênio para realizar uma das maiores obras da nossa história", escreveu-lhe em maio de 1945, evidentemente abalado pelos desastres da guerra e pela descoberta do Holocausto na Alemanha, a propósito do ritmo indolente do país atlântico.

A partir de 1961, Salazar receou que a descolonização abrisse portas à extinção de uma nação pequena e frágil como Portugal, já no passado ameaçada. A distância em relação ao povo não era esnobismo social, mas fruto da sua esquivança camponesa, da sua timidez, da incapacidade de se confrontar com pessoas distantes de si. Eram vários os colaboradores que ficavam perplexos e irritados com o aparente alheamento que punha em cada ocasião. Algo que, provavelmente, seria consequência do pressuroso percurso juvenil: o seminário, os estudos universitários, a carreira acadêmica, a chamada ao governo. O apostolado era mais pessoal do que religioso, como confirmado pelo abandono do catolicismo político em prol de uma superioridade progressiva do Estado sobre a Igreja. Alheado dos membros do governo, costumava rodear-se de pouquíssimos colaboradores de confiança, que o ajudavam a levar a cabo um minucioso controlo informativo generalizado. As reuniões do Conselho de Ministros eram raras e formais, sendo preferencialmente substituídas por conversas individuais e pessoais. Isso levou, não a demissões generalizadas dos governos salazaristas, mas a mudanças singulares desejadas pelo próprio primeiro-ministro. Tratava-se quase sempre de pessoas provenientes da mesma elite do Estado Novo — uma espécie de sociedade de corte —, composta por docentes universitários, muitas vezes com formação jurídica, por altas patentes militares e dirigentes estatais.

No cinismo, na frieza com os ministros, no uso exasperado do cálculo lê-se o desígnio superior que, na sua opinião, sustentava o edifício do poder absoluto: justificam-se assim as decisões inequivocamente desastrosas e sanguinárias que, à primeira vista, chocariam com sua inteligência. Ele próprio se absolvia com a dimensão mística do mandato, ainda que depois, quando a Igreja começou a tratar diretamente com os nascentes governos pós-coloniais ou com os movimentos de libertação, o caráter espiritual da sua missão de conservador ou restaurador da grandeza católica no terceiro mundo tenha ruído. No final, o compromisso de preservar o equilíbrio existente revelou-se falacioso e até nocivo, e o ditador respondeu da forma mais férrea, instaurando um estado de guerra permanente, sacrificando muitos dos seus princípios.

Sem herdeiros

No Vimieiro, na fachada da casa natal, um edifício agora vazio e periclitante, subsiste por cima de uma janela verde uma pequena placa que recorda: "Aqui nasceu em 28-4-1889 dr. Oliveira Salazar, um senhor que governou e nada roubou". Surgiram alguns escritos nas paredes e resistem três bancos de pedra sob o alpendre. O telhado inclinado, do qual caem destroços, tem três postes metálicos a segurá-lo. O quintal das traseiras está cheio de silvas. Essa era a casa de férias, a que fica ao lado foi construída pelo seu pai para hospedar os engenheiros que fizeram a linha ferroviária, a par de duas cantinas, uma para os operários e outra para os engenheiros.

Fala-se há algum tempo de recuperar o edifício e criar um museu, chamado Centro Interpretativo do Estado Novo, com fins turísticos apenas e não políticos, uma vez que são poucos os que se aventuram nessa parte central do país. A última solução encontrada é a de colocar o museu não na casa natal, mas na escola de Santa Comba Dão. Por ora, não se foi além da exposição temporária de objetos pessoais do antigo ditador: fotografias, documentos, livros, o fogão a lenha e até o chapéu de coco das ocasiões oficiais. São muitas as imagens que se encontram na internet do interior da modesta habitação, sinal de que não é difícil lá entrar e ver de perto as camas, os móveis, inclusivamente as garrafas da última vindima, a de 1967. Resta um sobrinho já velho a cuidar dela; um outro sobrinho vive em Coimbra.

O túmulo é deveras simples: uma placa de mármore no muro, dois vasos brancos de lado, embaixo, e outra laje de granito na terra nua. Outros vasos de flores secas contornam a epígrafe mortuária. No sepulcro também estão os restos mortais da mãe e do pai. No relvado, uma meia dúzia de outros túmulos anônimos de granito com uma cruz em baixo-relevo. A de Salazar parece a mais limpa. De vez em quando, um ou outro grupo de nostálgicos reúne-se com bandeiras portuguesas, para reavivar a ditadura. Tal como viveu sem ostentação, também como morto seu derradeiro refúgio não é nada estrepitoso, ao contrário do que fizeram outros ditadores, a começar por Francisco Franco, com o controverso mausoléu do vale dos Caídos.

Em Santa Comba Dão, diante do tribunal, também tinha sido erigida uma estátua dedicada ao ilustre cidadão, ainda em vida, obra de Leopoldo de Almeida, inaugurada em 1965 pelo presidente da República Américo Tomás. Em novembro de 1975, foi decapitada e vandalizada num clima de radicalização política. Nos anos seguintes, foi fundida uma nova cabeça do antigo ditador, que todavia nunca chegou a ser recolocada, por causa de graves incidentes que levaram à morte de uma pessoa e ao ferimento de uns vinte manifestantes. A nova cabeça não contava, aliás, com autorização governamental. Em 1978, uma carga de dinamite destruiu definitivamente a estátua salazarista desprovida de cabeça. No seu lugar foi erigida primeiramente uma fonte iluminada e depois, em 2010, uma escultura de homenagem aos soldados mortos na guerra do ultramar, entre 1961 e 1974. Recentemente, o município de Santa Comba Dão recebeu da direção-geral do Patrimônio Cultural o empréstimo por cinco anos, renováveis, de duas estátuas que estavam guardadas nos armazéns de Loures. A maior é uma estátua de bronze com 2,3 metros, a representar António de Oliveira Salazar de toga acadêmica, que foi colocada em 1953 no pátio interior do Palácio Foz, em Lisboa, tendo sido coberta com cordas e panos negros depois da revolução, por aderentes do Movimento Democrático dos Artistas, com o slogan "A arte fascista faz mal à vista". A mais pequena é um busto de pedra que pesa quinhentos quilos. São ambas obra do escultor Francisco Franco de Sousa.

Em Maputo, capital de Moçambique, conserva-se uma estátua de Salazar na Biblioteca Nacional, relegada para um canto e simbolicamente virada para a parede. É a cópia de outra estátua, que foi erguida em 1953 no Liceu Salazar e destruída num atentado durante a guerra colonial.

Quando Salazar exalou o último suspiro, o dr. Coelho decidiu realizar uma máscara mortuária. Chamou um dos retratistas mais conhecidos do país, António Duarte Silva Santos, autor das estátuas de d. Pedro I em Cascais, de Santo António em Lisboa, de d. Afonso III em Faro, de Camilo Castelo Branco em Lisboa. Desaparecido em 1998, Duarte conservou no seu ateliê duas cópias do rosto de Salazar: ninguém foi buscá-las e nunca lhe pagaram, apesar da dificuldade do trabalho realizado na pele e no cabelo do ditador já não eterno, já frio cadáver.

L'incredibile storia di António Salazar,
il dittatore che morì due volte © Gius. Laterza & Figli, 2020.
Todos os direitos reservados.

Todos os direitos desta edição reservados à Todavia.

Esta tradução teve sua grafia atualizada segundo o Acordo Ortográfico
da Língua Portuguesa de 1990, que entrou em vigor no Brasil em 2009.

capa
ps.2 arquitetura + design
Fábio Prata e Flávia Nalon
foto de capa
© Eduardo Gageiro/ spa, Lisboa, 2023
preparação
Silvia Massimini Felix
revisão
Huendel Viana
Paula Queiroz

Dados Internacionais de Catalogação na Publicação (cip)

Ferrari, Marco (1952-)
  A incrível história de António Salazar, o ditador que
morreu duas vezes / Marco Ferrari ; tradução Vasco
Gato. — 1. ed. — São Paulo : Todavia, 2023.

  Título original: L'incredibile storia di António Salazar,
il dittatore che morì due volte
  isbn 978-65-5692-392-5

  1. Biografia. 2. Ditadura — história. 3. Revolução dos
Cravos. I. Gato, Vasco. II. Salazar, António. III. Título.

CDD 920

Índice para catálogo sistemático:
1. Biografia : Perfil biográfico 920

Bruna Heller — Bibliotecária — crb 10/2348

todavia
Rua Luís Anhaia, 44
05433.020 São Paulo sp
t. 55 11. 3094 0500
www.todavialivros.com.br

fonte
Register*
papel
Pólen natural 80 g/m²
impressão
Geográfica